追憶の木内マジック

愛すべき老将に捧ぐ――
14人の証言

ベースボール・マガジン社／編

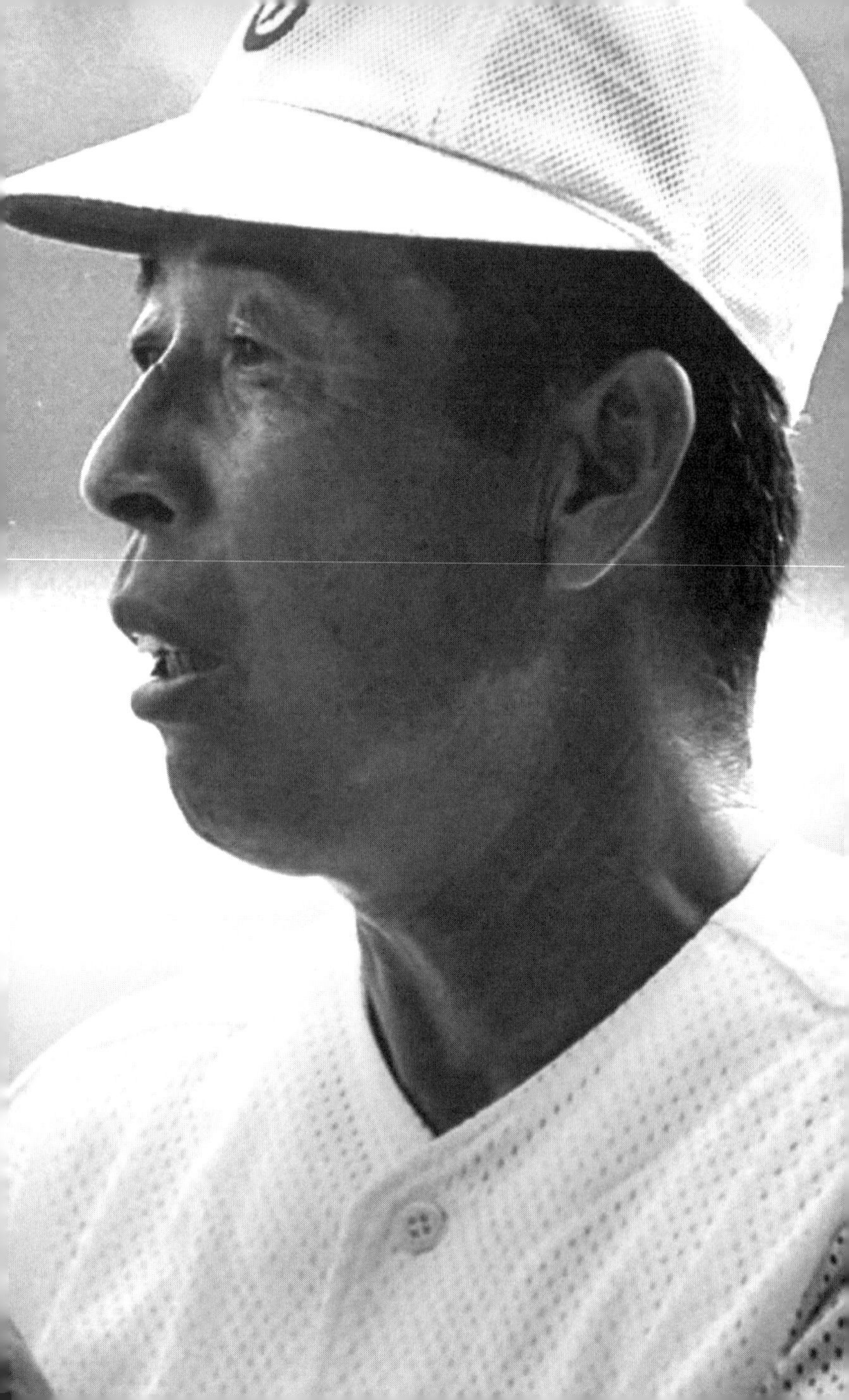

89歳でこの世を去った木内幸男監督。
ひたむきに野球を愛し、野球に愛された稀有な人生。
相手の意表を突いた変幻自在の采配で
積み重ねた甲子園での勝ち星は40を数えた。
高校野球史に名を刻んだ名将の素顔、
今も受け継がれる「木内マジック」の真実を
14人の証言者たちが浮かび上がらせる。

目次

追憶の木内マジック
愛すべき老将に捧ぐ——14人の証言

CHAPTER 2 取手二高時代

教え子たちの回想

CHAPTER 3 ライバル・盟友・家族

同じ時代を生きた男たちと長女の回想

CHAPTER 1

常総学院時代

教え子たちの回想

CHAPTER

1

木内マジックの証言者

島田直也

1987年夏甲子園準優勝メンバー
現・常総学院監督

「木内野球は真似できるものではないですし、同じやり方もできない」

略歴

しまだ・なおや● 1970年3月17日、千葉県生まれ。常総学院では1987年の春、夏に甲子園に出場。夏は決勝でPL学園に敗れるも、エースとしてチームの準優勝に貢献。同年秋のドラフト外で日本ハムに入団。91年オフに大洋に移籍し、97年には最優秀中継ぎのタイトルも獲得した。2001年～02年はヤクルト、03年は近鉄でプレー。03年に現役引退後は独立リーグの信濃、徳島で投手コーチ、監督を歴任し、15年からの3年間はDeNAのファーム投手コーチも務めた。NPBでの通算成績は419試合登板、39勝38敗9S、防御率3.69。20年7月から常総学院の硬式野球部監督に就任して指揮を執っている。

２０２０年７月26日より常総学院高校の監督に就任した島田直也さん。高校時代は木内幸男監督の指導のもと、エースとして１９８７年春に同校初の甲子園出場へ導き、同年夏には甲子園準優勝。卒業後はプロ入りして16年間現役を続け、97年には最優秀中継ぎ投手のタイトルも獲得。その後は投手コーチや独立リーグの監督なども歴任した。まずはそこから母校の指揮を執ることになった心境の変化とともに、恩師との出会いを語る。

◇

もともと、高校野球の指導者になろうとはまったく考えていませんでした。２０１７年限りで横浜ＤｅＮＡベイスターズのコーチを退任した後も、頭の中で思い描いていたのは、もう一度プロ野球の現場に復帰すること。でもそんなとき、常総学院の関係者から「力を貸してほしい」と相談を受けたんです。最初はお断りもしましたが、僕がこうしてずっと野球に携わっていられるのは常総学院のおかげであり、恩師である木内監督のおかげ。何度かお話を聞くうちに「そこまで熱心に誘っていただけるのであればやってみよう」と覚悟を決め、学生野球資格回復を経て20年3月より投手コーチに就任。木内監督のもとへ挨拶にうかがうと、ＯＢが帰ってきたことに「良かったよ」と言ってもらいました。

その後、4月1日付で学校の事務職員として採用され、7月下旬に監督就任。幸いにも秋の新チームは県大会と関東大会でともに準優勝となり、翌1月にセンバツ出場が決まりました。木内監督と最後にお会いしたのは、その選考対象となる関東大会が終わりかけた10月末だったと思います。ちょうど入院前のタイミングでもあり、3月の元気な姿とはあまりにも変わっていて「そんなに体調が悪かったのか」と。ただ、それでも「監督のことだからまぁ大丈夫だろう」なんて勝手に思っていたので、まさかそこから1カ月ほどで亡くなってしまうとは…。

関東大会の報告をしたとき、木内監督からは「よくやったな」と褒めてもらえました。現役時代は非常に厳しかった印象で、僕はその中でも特によく叱られていたと思います。甲子園で監督として戦う姿を見てもらえるものだと思っていたので本当に残念ですが、おそらく木内監督は天国でも僕らの戦いを見てくれているはず。そこでも叱られることのないように、日々勉強して頑張っていきたいと思っています。

野球選手としての土台

振り返れば、木内監督の存在を知ったのは中3の夏です。小さい頃からプロ野球選手になりたいと思っていて、そのためにはまず甲子園に出て活躍しようという単純な考えを持っていたわけですが、その夏に取手二高が甲子園で優勝。さらに「取手二高の監督が常総学院に来るらしい」という情報があったので、「じゃあその監督のところで野球をすれば甲子園に行けるな」と。また創設したばかりの新しい学校だったので、学力的にも何とかなるんじゃないかというのもありました。初めてグラウンドに行ったとき、僕と同じ考えを持っていた選手が150人近くいたのでビックリしましたね（苦笑）。

木内監督への第一印象は「これがテレビで観た人かぁ」。あとは茨城弁の訛《なま》りが強くて、慣れるまでは何を喋っているのか分かりませんでした。そして、とにかく野球に対して厳しかった印象しかない。僕らは3期生で、入学してちょうど3学年が揃うという世代だったんですが、木内監督は選手を集めてくるのではなく、競争の中で自分についてきた選手と野球をするタイプ。だから当時、選手たちはABCDEとランク分けをされて、「Aと

Bの選手しか見ない。C以下の選手は頑張ってください」とハッキリ言われました。もちろんそれが面白くない人、練習についていけずに辞めていく人もいるわけで、僕らの学年も最終的に残ったのは32名。ただ僕はD判定を受けながらも野球が好きでしたし、負けず嫌いで根拠のない自信もあったので、「チャンスは必ずある」と思って続けていました。そして投手をやりたかったのですが、自信のある肩と足をとにかくアピールして、何でもいいから試合に使ってもらおうと。そこから監督に目を留めてもらえるようになり、少しずつ出場機会を得て、内外野から捕手まで、いろいろなポジションを経験させてもらいました。今思えば、それが野球選手としての土台になったような気がしますね。

島田さんは2年時から本格的に投手となり、夏には県ベスト4を経験した。そして新チームでエースとなり、3年時は春夏連続で甲子園に出場。ここから野球人生の歯車がしっかりと噛み合っていった。

◇

僕は体が小さいほうだったので、監督の中では最初から投手をさせるつもりはなかったようですが、野手の練習をしているときも「打撃投手は必ずやれ」と言われていました。そこで打者との駆け引きを覚えたり、「ストレートだけじゃ通用しない。他に使える武器を見つけよう」と考えて変化球を身につけたり…。もともと相手に向かっていく闘争心とか、性格的には強気な部分があったので、将来的には投手になるって分かっていたんじゃないですかね。

木内監督の指導については、技術的にどうこうっていうことよりも、精神的な部分のほうが重視されていたような気がします。猛練習というイメージもなくて、グラウンドで全体練習をするのは3～4時間くらい。また投手に関しては下半身の使い方がどうだとか、肩の開きがどうだとか、ちょっとした部分の指摘はありましたけど、基本的に投球フォームなどは「投げて、投げて、体に染み込ませて覚えろ」と。そして野手も含めて言うと、実戦練習の中で監督が思っているように動けないと厳しく叱られ、監督の思惑と選手の思惑を一致させるために懇々と説明を受ける。監督と考えが合わなかったらメンバーに選ばれないので、とにかく認めてもらうために必死でした。

それって結局、それぞれがいかに自分の生きる道を見つけるかっていうことなんですよね。体が小さくて力がないのにホームランばかり狙っているようではメンバーに選ばれないですし、自分の技量に合ったスタイルでどうやって試合に食い込んでいくか。よく〝木内マジック〟なんて言われますが、監督の頭の中には場面ごとに「こうやったらうまく回る」という計算があって、そこに選手が対応できるように指導していたんだなと思います。正直、選手からすれば「何度もうるさいなぁ」とか「このジジイ」と思うときもあるんですが（苦笑）、結局は木内監督のサイン通りに動けば試合に勝てる。僕は今、選手たちに「周りの状況をしっかり見て判断することが大事なんだ」とよく言っていますが、それも高校時代の経験から自然と身についたものなのかなと思っています。

そして結果としても3年時は春夏とも甲子園に出られましたし、常総学院を選んで間違っていなかったという想いは強いです。

アメとムチの使い分け

春のセンバツはもともと補欠校でしたが、他のチーム（東海大浦安）が大会直前に出場辞退したことで甲子園出場。でも実際は夏に向けて気持ちも切り替えていたので「おいおい、大丈夫なのか」と。僕もヒジを痛めていて準備もしていなかったですし、1回戦で負けて（明石に0対4）あっという間に終わってしまったという感覚でした。ただ、その経験が夏に生きた。甲子園のグラウンドに足を踏み入れたとき、マウンドに立ったとき、打席に入ったとき…。みんなが目指している大舞台ということもあって、春はやっぱり足が震えてしまったんです。だからこそ、夏は自分たちの力で絶対に県大会の優勝を勝ち取って、甲子園にもう1回行くぞ、と。その気持ちはすごく強くなりました。

木内監督は、「甲子園」とか「日本一」「優勝」といった言葉を掲げることはまったくしない人です。それでもずっと「甲子園に連れていくのが俺の仕事だ」とは仰っていました。選手に対しては「何のためにやっているのか」という部分を説いていたので、僕らが「甲子園に行きたい」と思っているのであれば、それを実現させてあげるのが監督の仕事だと考えていたような気がします。

夏の県大会で優勝を決めたときは、それはもう嬉しくて最高の気分でした。そして甲子園に行ったとき、木内監督に言われたのは「常総の新しい歴史を作るために、とにかく1つ勝とう。そこから先（の成績）は後輩たちに任せればいいから」と。そこで僕たちも「ただ出るだけじゃつまらない。何とか1つ勝とう」という想いになりました。またラッキーだったのは1回戦（対福井商）の前に2回戦の相手（沖縄水産）、2回戦の前に3回戦の相手（尽誠学園）…というふうに、次の対戦相手が先に決まっている状態が続いたこと。僕らは「有名な投手（沖縄水産・上原晃〈元中日ほか〉、尽誠学園・伊良部秀輝〈元ヤンキースほか〉など）がいるから次は勝てるわけがない。じゃあとにかくそこまで戦って思い出を作ろう」なんて話していて、1戦ずつ全力で臨んでいったらあれよあれよと勝ち進んでいけました。

決勝の相手は春夏連覇の懸かったPL学園でしたが、僕はあまりピンと来ていなくて「勢いもあるし勝てるでしょ」とも思っていました。ところがバスの中でスタメンを発表するとき、木内監督が「ここまで来たのは島田のおかげ。だから島田と心中する」と言って、僕の打順を四番にしたんです。いつもは五番あたりにいておいしいところを持っていくタイプだったんですが、「四番だ」って言われた瞬間に「ホームラン打たなきゃいけないんだよな」とか勝手に思い込み、すごく緊張しちゃったんですよね。で、決勝はすべて大振りで4タコ。前にもなかなか飛ばず、打撃は悲惨でした（苦笑）。そして2対5で敗れて準優勝。僕が打てなくて負けたという感もありましたね。

ただ、終わってみて思ったのは、やっぱり最後の試合でそうやって任せてもらえたのは嬉しかったですし、木内監督なりの感謝のメッセージだったのかなと。勝ち続けてどんどん野球が楽しくなって、本当に良い思い出ができたと思っています。

木内監督は人を乗せたり、あえて落としたりと、選手をコントロールするのも巧かったです。甲子園の大会期間中、休日になると「じゃあ今日は海にでも行くか」なんて言って連れていってくれましたし、たとえば3回戦の試合前には「これに勝ったら国体に行けるからな」と示してくれたりもした。一方で、リードされている試合展開だと「あぁ、もう負けだ、負けだ。もういいや、3年生はもう終わり。来年、2年生で勝てばいいや」とかも平気で言う。そうやって3年生に奮起させるということもよくありました。普段の練習でも急に穏やかになったり、突然スイッチが入って怒り出したりと、高校生からすればまったく読めない人ですが、アメとムチの使い分けが巧かったなという印象ですね。

3年時の活躍で評価を上げた島田さんは、卒業後にプロの世界へと進む。その道を切り拓いてくれたのも木内監督であり、その後の人生でも高校時代の訓えが生きたことは多いのだと言う。

◇

僕はずっとプロ野球選手になることしか考えていなかったため、木内監督に「進路をどうするんだ?」と訊かれたとき、こんなやり取りをした記憶があります。

島田「プロしか考えていません」
木内「そうか。大学は?」
島田「行きたくありません」
木内「じゃあお前、話が来なかったらどうするんだ」
島田「分かりません…」

当時の僕は本当に考え方が単純でしたが(笑)、そこで言われたのは「何球団かは話があるから可能性はあるだろう」ということと、「でもドラフトっていうのは最後まで分からないものだから、進路だけはちゃんと決めておこう」ということ。そして、プロに行けなかったら社会人でプレーするということだけは決めて、ドラフト会議の日を迎えました。

ただ正直なところ、僕は指名されるだろうと思っていましたし、監督もそう思ってくれていたと思います。しかし、結果は指名なし。これにはかなりのショックを受けました。そしてこのとき、実は報道陣に対する記者会見を開くことがすでに決まっていたそうなのですが、木内監督は僕に対して「どこかに隠れておけ。ショックを受けている高校生を人前に出させたくない」と言って匿ってくれました。そこからすぐ、日本ハムファイターズからドラフト外入団の話が来て、無事にプロ入り。木内監督がいろいろな方面に対応してくれたおかげだと思っています。

高校卒業後は年1回ほど、シーズンオフの時期に挨拶に行く程度。それも「最近どうなの?」って訊かれるくらいで、指導やアドバイスをされた記憶はありません。木内監督の中では、社会に出たらあとは自分でやるしかないだろうっていう想いもあったのでしょう。ただ、それでも僕の中では訓えが生きています。

たとえば高校時代は選手が自分たちで考えなければならない環境でしたが、プロ野球はまさに個々の勝負の世界であり、自分がやらなかったらすぐクビになる。「自分にできることを考えていかないと次のステップへ進めない」ということを教えてもらえたからこそ、プロの世界でも「野球が仕事になったんだからプロになれたことで満足していたらダメだ」と考え、長く続けることができたのだと思います。またプロでも現在の常総学院でも指導をしている際、状況判断のことや準備のことを話していて、ふと「あれ？ これって木内監督が言っていたことかな？」と感じる瞬間もよくある。やはり高校時代の〝木内野球〟が自然と染み込んでいて、指導のベースになっていたんだなと思います。

木内監督はグラウンドでは勝負師の顔になり、ちょっとでも雑なプレーがあると、それを何度も繰り返して練習しました。また練習試合の最中であっても、つまらないプレーが起こったりすると一時中断してそのプレーの追求を始める。そこをちゃんと詰めておかないと勝負でやられるんだっていう想いが強かったと思います。ダメならレギュラーであってもすぐ交代。中心選手だからと言って甘やかさないですし、試合に出る選手に責任感を持たせるためにも、いい加減なプレーは絶対に許さなかった。そういう姿勢は学びましたね。僕も指導のスタイルこそ違いますが、やる気の感じられないプレーや準備不足、取り組みの甘さなどは厳しく指摘して、「そこを詰めないと次もまた同じミスが起こるよ」と伝えています。そこの想いは木内監督と一緒なのかなと思います。

木内監督の代名詞としてよく使われる〝木内マジック〟。その巧みな采配術やチームづくりの手腕について、当事者である選手たちはどう感じていたのか。ここから各章でも触れていくことになるが、島田さんも現役時代の〝マジック〟を振り返りながら、あらためて恩師の凄さを語る。

◇

普段から監督が思い描いている野球に合わせて練習しているので、選手たちからすれば木内監督の采配が基本になっています。そして、もちろん上手くいかないこともありますが、試合でハマることが多いから〝マジック〟になるんだと思います。決していつも特別な采配をしているわけではなく、監督の頭の中では計算上、最も確率の高いことをしているだけ。それが相手のセオリーの中では想定されていないことだから、嫌がられるんじゃないかなと。

現役時代の経験だと、木内監督は動くのが好きで、盗塁に失敗してもまたしつこく仕掛けたり、スクイズも成功するまでやり続けたり。スクイズのサインは2ストライクからでも出ましたね。当然、「バッテリーに外されるんじゃないか」という想いもありますが、むしろ空振り三振のゲッツーにさえならなければファウルで打者アウトになっても仕方ない状況なわけで、打者はとにかく当てることに必死になる。そうすると、意外とバントの成功率が高まったりするんです。また相手の捕手を見て、肩の強さに自信を持っている場合は逆に送球が雑になるから必ずスキが出る、なんて考え方もあって、実際に二盗を仕掛けて何度も成功。選手たちに分析をさせることはせず、僕らは「こういうタイプのチームだ」というイメージだけ伝えてもらっていましたが、きっと監督の頭の中には経験から来るデータの蓄積がものすごくあったんですよね。

変幻自在の木内野球

観察眼もすごかったです。相手投手の長所をあえて狙うんだとか、単調になったときに仕留めるんだとか、9回のうちに必ず1~2回は抜くところがあるからそこで点を取るんだとか…。試合の流れについても「ここだぞ」と大事なポイントは教えてくれましたし、また3年夏の甲子園準決勝では「セオリー的にはバントだろう」と思える場面でも頑なにヒッティングを選択していて、その後のインタビューで「相手は東京のチーム（東亜学園）で都会っ子だから、田舎の人間は無茶なことをやらないと勝てない」と。状況に合わせて判断するのが〝木内野球〟であり、相手チームによって戦い方を変えていました。

さらに選手を育てるという意味では、基本的には厳しいムチの部分が多く、結果を出させてあげることがアメだったと思うのですが、怒り方にも引き出しがありました。みんなの前でビシッと厳しく怒って大恥をかかせるときもあれば、丁寧に諭すときもある。ただ、僕らが試合に負けて怒られることはなかったので、やっぱり選手たちのことを考えていたんだなと。人を見て、怒ったら委縮しちゃうタイプだなとか、みんなの前で怒ってしっかりさせたほうがいいタイプだなとか、そこはちゃんと判断していたんでしょうね。僕の場合はつい自分の好きな球で勝負してしまう傾向があって、「自分はいいかもしれないけどチームにとってはマイナスだ」とか「周りを見ながらやらないと投球の幅も広がらないぞ」とよく言われました。みんなの前で大きく叱られるタイプでしたが、それもエースとしての自覚を持たせるためだったと思っています。

今は時代的に考えても、選手たちとコミュニケーションをしっかり取りながら言葉で何度も説明して理解させていくしかないのかなとは思います。ただ僕らにとっての木内監督がそうだったように、真剣に怒ってくれる人の存在って大事だと思うんですよ。高校時代は「うるせぇな」くらいにしか思われなくても、社会に出たときに「あぁ、大事にしていたのはこういうことだったんだ」って気付いてもらえるようにはしたい。叱って育つタイプか、褒めて育つタイプか。そこは僕が指導者として勉強しなきゃいけない部分だと思うので、選手たちをしっかり観察しながらそれぞれの特徴を見極めていきたいですね。

常総学院と言えば木内監督。そういうイメージは今も強いと思いますが、もちろん〝木内野球〟は真似できるものではないですし、まったく同じやり方はできないと思います。ただ高校野球は選手が毎年入れ替わりますし、木内監督もその年の選手や時代に合わせてスタイルを変えながら結果を残していました。ですから僕も、自分がこれまで大事にしてきた野球を伝えながら、1年ずつ、これからの常総学院をつくっていければいいなと思っています。その中でも「常総学院＝甲子園」という宿命は絶対にあると思うので、各世代が高校3年間の中で1回は甲子園を経験しているような学校にし続けていかなきゃいけない。その想いは木内監督の時代からずっと変わりません。

高校野球は負けたら終わりの一発勝負。しかも、監督の指示1つで局面がどんどん変わっていきます。20年秋に初めて采配をしてみて、1試合ごとにこんなにも緊張するものなのかと強く実感しました。正直、自分がプレーしているほうが気持ちは楽。あんなプレッシャーの中で木内監督はよく何十年も戦っていたなぁと、あらためて凄さを感じています。

木内監督の葬儀は盛大で、教え子の方々もたくさん参列していました。中には、グラウンドでの苦い思い出が最後になっている人もいたと思うんです。それにもかかわらず大勢が集まるわけですから、すごく慕われていたということ。やはり、みんなの心の中にはしっかりと残っているんだなと。そんな木内監督に少しでも近づけるように、頑張っていきたいと思います。

準優勝した1987年夏の甲子園での監督

CHAPTER 1

木内マジックの証言者

仁志敏久

1987年夏甲子園準優勝メンバー
現・横浜DeNAベイスターズファーム監督

「固定観念など、
木内流の常識からすれば
あくまで広い考えの中の
一つの方法でしかなかった」

略歴

にし・としひさ● 1971年10月4日、茨城県生まれ。常総学院では1年からレギュラーとなり、準優勝した1987年から3年連続で夏の甲子園出場。早大、日本生命を経て、96年ドラフト2位で巨人に入団。攻守走3拍子そろったプレーで96年に新人王、99～2002年にはゴールデン・グラブ賞を獲得した。07年からは横浜に移籍し、09年限りで退団後はアメリカ独立でプレーしたが、故障のため同年途中で現役引退。NPBでの通算成績は1587試合出場、打率.268、154本塁打、541打点、135盗塁。

現役時代は読売ジャイアンツなどで活躍し、2020年に横浜DeNAベイスターズでファーム監督となった仁志敏久さん。その野球人生に最も影響を与えたのは常総学院高時代、木内監督のもとで3年間を過ごしたことだったという。仁志さんの著書『わが心の木内野球』（弊社刊）より、その想いを抜粋していく。

◇

私の野球人生、すべて木内幸男監督から始まっている。考え方、モノの捉え方、引退するまでの野球そのもの、また人生観や人間的な部分にまで監督の影響を受けている。私にとっては親以上の存在といっても過言ではない。何がそれほどまでに、他の人とは違うのか。言葉自体に飾りがなく、理解しなければならないこと、実際にやらなければならないことが的確に指示される。黙って実行していれば、まず間違いはない。ただし、監督の指示を聞いているだけ――ではいけないということにいずれは気付かされ、何歳になっても言葉に詰まった重みを感じるのだ。

木内監督は、誰にどう突っ込まれても完璧に言い返せるだけの理論立てを常に持っている。それは采配、人選、自分の行動などすべてにおいて、だ。そういった理論立ての下で私は1年生ながらレギュラーに抜擢され、その夏の甲子園準優勝まで、ほぼ休みなく試合に使われた。私にとっては、木内監督のその決断が人生のすべてだったとも言える。もし木内監督でなかったら、センバツに出ていたチームにわざわざ1年生を入れるようなことはしなかっただろうし、ましてやレギュラーがいたポジションから選手を移動させてまで使うようなことは絶対にしなかっただろう。

高校在学中、私はよく木内監督に叱られた。「お前の野球は、年寄り臭くってダメだ」。監督からしてみると「1年生の怖いもの知らず」的なものが見えなかったらしい。またあるときは、「1年生のくせに、初球は見ていこうなんて生意気なんだよ」と言って叱られた。これに関しては監督の言う通りで、たとえ相手チームが格下でも、自分自身はまだ入学したての1年生。一つストライクを取られれば、自分がどんどん劣勢に追い込まれていくのだから、一球たりとも打てそうなボールを見逃してはいけないのだ。実はここから、私のバッティングスタイルは出来上がった。よく言えば積極的。悪く言えば粗っぽい。プロになっても私のスタイルはそのままで、よくマスコミや世間からも叩かれたが、私はあれで良かったと思っている。なぜなら、自分の力量を考え、少しでも悔いの残らない打席にするには、それが最善の方法だったからだ。

ある日の練習試合、こんなこともあった。ノーアウト一、二塁、バントで攻撃を広げたいという場面で、私に打順が回ってきた。しかし、いくらその場面でも、三番の私にバントのサインは出せない。かと言って、打たせてダブルプレーもまずい。監督は打席に向かおうとする私を呼び止め、しばし考えた。少し間を置いてから、開き直ったように大声で、相手ベンチや観戦している人にまで聞こえるように言い放った。

「ああー、もういいや。三振かホームラン打ってこい！」

私はそこに含まれたいろいろな意味を、その瞬間感じていた。中心選手にバントをさせるような屈辱を感じさせないこと、また、「チャンスで打つ」ことへの演出もある。それから、地方の格下チーム相手に中心選手をバントさせてまで戦うような格好悪い姿は見せたくない、という想いもあっただろう。私が感じ取ったことすべてが監督の真意に当てはまるとは思わないが、単なる指示だけのために呼び止めたのではなかったのはたしかだ。そして、知識と経験を十分に持つと、ユーモアを交えるだけの余裕ができるのだということも私は感じた。先を読み、周りを見る。次にこうなったらこうしよう、と先々を探る。私はいつも「木内監督なら、ここはどうするだろう」と考えながら野球をやってきた。やることすべてに理由があるのだと教えられてきた私にとって、自分のプレーをすべて説明できるよう準備をすることは日常的だった。それは失敗したときの言い訳ではなく、ある意味プレーの計算とも言える。結局私が目指したのは、木内野球と人間・木内幸男なのだ。

入学した頃、木内監督は私を「県西の山猿」と呼んでいた。県西というのは県の西部地区のことで、私が生まれ育った古河市はそこにある。遠くまで野球をしに来たものの、やっぱり田舎モンはおとなしく、ハキハキしていない、と監督は言いたいのだ。特に存在感のない選手が嫌いで、そういう子を「闇夜のカラス」と表現していた。学校の先生がそんなことを言ったら大問題だろう。木内監督は「監督であって教師ではない」という強みを持っていた。高校野球だからと言って、監督の言うことを「ハイハイ」聞いていればいいものではない。「いくら高校生でも主義主張ってもんがあるだろう」というのが木内監督の考えだ。木内監督自身がハッキリとモノを言うため、モジモジしていると「しみったれてんじゃねぇ！」と声が飛んでくる。

監督もよく言っている。「あくまでも試合をするのは選手」なのだと。監督という存在はその上で指揮を執り、勝たせるために試行錯誤をする存在であって、親が子を守り、子どものためになんでもする、というような甘ったれた関係ではない。「お前はおとなしくてダメだ。もっと強引にでも選手を引っ張んなきゃいけねぇ」と何度も叱られて、私はやっとキャプテンらしくなっていった。場慣れしていない田舎の子はそういった自主性に欠ける傾向があるため、おとなしくてダメだと諭すのだ。

ダメなヤツに「ダメ」と言えるのは、木内監督が教師ではないからだ。よく言っていたのが「おめぇらが先生に『僕は東大に入れますか？』って聞いたら、『頑張れば入れますよ』って先生は答えるかもしんねぇけど、俺は先生じゃねぇからハッキリ言うよ。おめぇらがこれからいっくら勉強したって無理だ。できるヤツは最初っからできんの。できねぇヤツはいっくらやったってダメなの」ということ。できないことを「頑張ればできますよ」と言うのは、木内流の教育ではない。「いつまでもできないことに時間を費やすのなら、将来のためになるようなことに目標を切り替えなさい」というのが木内流。これは、レギュラーにはなれない立場にいる子たちに対して、よく言っていた。

　実際に試合に出ている子にも言い方を変えて使うことがある。たとえば球の速くないピッチャーが一生懸命力んでいると、「１４０キロ投げるピッチャーは、入ってきたときから１３５キロくらい投げんの。だからおめぇがいっくら力んだって１４０キロは出ねぇの」と言ったりする。要するに、「無理に頑張ったってスピードは出ないんだから力に頼らず、コントロールを重視しなさい」というような意味なのだ。おそらく一般的な教え方であれば、初めから「低めに投げろ」「コントロールに気をつけろ」と言うことになるのだろう。しかし、そこは木内ワールド。なぜ低く投げなければいけないのか、なぜコントロールに気をつけなければいけないのかを考えさせる。己をよく知らなければ成長はない。そのために「自分」というものについて、考えさせるのだ。

　プロ生活最後の3、4年は、木内監督の訓えが非常に生きていた。次に何をしようかということも頭に入れながら野球をし、思ったようにはできない部分を自覚しながら、それを何とかしようという努力もしてきた。ただ単に「自分はできる」と思って、若い頃と同じようなものを求めていたら、私自身の悲劇になったかもしれない。

監督の言葉一つひとつが的確でも、聞いているほうはまだ大人になり切れていない高校生。そのため、言われたことが自分のためになると分かっていても、なかなか素直に聞き入れられない。だから、木内監督はこう言うのだろう。「俺が言ってることは今理解できなくたっていいんだよ。おめぇらが大人になったときに、『あのとき、監督あんなこと言ってたなぁ』って思い出してくれれば」。厳しい言葉を受けて、ふて腐れてしまう子や落ち込んでしまう子が大半なことも、分かっている。初めからその場で理解してもらえないことも、木内監督は重々承知の上なのだ。

高校時代の仁志さんは1年夏の甲子園準優勝に貢献。さらに2年夏と3年夏も甲子園に出場して〝木内野球〟を存分に体現した。そんな経験の中で、いったいどの部分に指揮官の凄さを感じていたのか。ふたたび著書から紐解いていく。

◇

高校野球の風景と言えば、大方ノックを打っては怒鳴り、バッティングを見ながらその都度アドバイスを送るもの。これが木内監督の場合、練習中はバックネット裏にある本部席で練習を見て、何か伝えることがあればマイクを使って指示を出すというのが長年のスタイルだ。練習では全体を見渡していることのほうが圧倒的に多いのだ。特にバントを徹底的に練習させるとか、ランダウンプレーを徹底して教えるとか、何かを徹底させるとき以外、あまり出ては来なかった。この理由の一つが、選手を観察しているということだ。

木内野球にとって選手を見分ける感性こそが神髄であり、その観察眼はこれまでの結果から見れば、間違いなく優れている。これは人選だけでなく戦略にも生かされ、同じ場面でも選手によって違うパターンを考えたり、その選手の状態によって策を変えたりすることもある。たとえば「ランナーが出ると硬くなる傾向があるから、それならエンドランをさせよう」とか、「チャンスになると弱いから、打たせるよりもスクイズのほうがいいだろう」と考える。また、選手の状態を随時把握し、「いつもなら打たせるが、今日はバントだ」とか、「調子が良いから好きに打たせてみっか」とする。私も1、2年生の頃には「今は振れてねぇからエンドランで打ちに行かせんだ」と言われたことがあった。それが時折セオリーではない作戦になることもしばしばで、しかも成功することが多いので〝木内マジック〟と言われるのだろう。周りから見れば奇策と捉えられる木内監督の采配は、思いつきでやっているわけではなく、選手と状況を上手く融合させているのであって、当然成功もまぐれではない。

私が3年生になって不調に陥ったとき、木内監督が「どこを守りたいのか」と聞いてきた。私は戸惑いながらも「ショートです」と答えた。おそらく監督はそう答えることを分かっていたのだろう。気分よくプレーさせるために、あえて聞いたのだ。キャプテンになった私に反発心を煽って奮起させたこともあった。それらすべてが、私の根底にあるものを引き出す手段だったのだと思う。

いざ試合に向かうオーダーを決めるとき、木内監督ならではの方法がある。思考のヤマが訪れるのは、いつも試合の前日。オーダーはたいてい家でつくっていたそうで、新聞に入ってくるチラシの裏などがノート代わりだった。そこにオーダーを書き入れながら、打線の流れを想像しては選手を代えてみたり、打順を入れ替えてみたりと何度もつくり直す。そしていよいよ固まってきたところで一度、頭の中で試合をしてみる。途中、やっぱりダメだとなれば、また選手を入れ替えては初めから試合をする。勝てるまで何度もそれを繰り返し、ようやく「勝った」となったところで寝るそうだ。寝るときも枕元にはメモを取る用意を常にしておき、寝る前や夜中ふと何かを思いついたとき、いつでも書き残せるようにしておく。要するに木内監督は本番の試合を前に、すでに1試合以上こなしているのだ。木内監督にとって、試合はオーダーを決めるときから始まっており、いざ試合となったときにはすべての準備を終え、腹は決まっている状態なのだ。だから現実の試合でも、少々のことにはうろたえないのだろう。

一般的に高校生と言えば親の言うことも聞かなくなれば、悪いことだって覚えてくる。いくら目標であった甲子園に来たと言っても、息が詰まってストレスにもなってくる。そこで、野球以外の時間をどう過ごさせるかということに木内監督は頭を働かせる。木内監督がつくるスケジュールには、よく「ホテル内自由」と書かれている。この「自由」、言い方を堅くしてしまえば「待機」にもなる。しかし「待機」と言ってしまうと子どもたちの印象として、勝手に身動きを取ってはいけない軟禁状態のように感じてしまう。だから「自由」と書く。私たちもそのおかげであまり退屈な生活だったという印象はない。所詮はホテル内にいるか、近くに買い物に行く程度なので、楽しく遊び歩いたわけではない。せいぜいトランプで遊んだり、ロビーでビリヤードをやったりするくらい。やれることは知れているので楽しむ内容に危険性が低く、一方で、自由だという想いがあるため、子どもたちにとっても精神的にはずいぶん解放されているのだ。「子どもたちを飽きさせない」。木内監督ならではの操作術の一つである。

一つ、私が決定的に「このオッサンすげぇ」と思った出来事がある。私がまだ入学したての春の県大会でのことだ。常総学院の攻撃中、打席に入っていた選手のことを木内監督はいつものように解説していた。2、3球投じられたところで、「次にカーブが来たらバッターの勝ち。真っすぐが来たらピッチャーの勝ち」と呟いた。半信半疑で聞きながら次の投球に見入っていると、ピッチャーが投じたのはカーブだった。「あっ、カーブだ」と思った瞬間、「カキーン」と甲高い金属音が響き渡り、打球はレフト前に運ばれた。予告通りバッターはカーブを見事にヒットしたのだ。ハッキリ言って、なぜそう言い切れたのかは分からない。「たられば」をモノともせず、自信満々で選手に公言したことが驚きだった。

結果的に、木内監督は「完璧な結果論者」なのだと私は思う。結果論と言っても、一般的に使われる「事が起こってからモノを言う」ような言い訳めいた意味ではなく、結果が出されるまでのプロセスにはれっきとした論理があり、結果として出たものは「出るべくして出た結果」なのだということ。木内監督は、その経緯と理由の一部始終を完璧に説明できるから、「完璧な結果論者」ということになる。極めた人間には限りなく100％に近い予測ができるのだと、私は思っている。常に勝つことを前提に、試合を運んでいくのが名采配のカギ。たとえば、ランナーが一塁に出たらバントで送って後のバッターで返すというような、オーソドックスな攻撃ばかりではまず勝てない。もちろん、それでいい場面だっていくつもある。とは言え、それが最善の策とは限らない。戦略の基本は「戦力を生かす」こと。足のある選手が絡んでいればそれを生かさない手はないし、器用な選手であればあれこれ考えて選択肢を広げることも可能である。

木内監督はそのあたりの判断が絶妙で、スクイズとセーフティースクイズを使い分けたり、スクイズで点を取るだろうと思うようなところであえて打たせたりと、選手の持ち味だけではなく性格、状態、そしてその場の状況なども踏まえて答えを出している。相手に貰ったチャンスの場合、基本的には大事に攻める。たとえば、デッドボールやエラーでランナーが出たというケース。これは相手が感じるダメージが流れに関わるからだろう。逆に、打って出たランナーならば策を練る。イケイケの場合もあるし、意表を突く策もある。私が描くニュアンスとしては「自分で稼いだ金は有効に使う」ということだ。固定観念など、木内流の常識からすれば、あくまで広い考えの中の一つの方法でしかない。その広さが平凡な想像を超えているから〝マジック〟と言われる。たとえ力のないチームでも相手を上回ることができるのは、それが最大の要因なのだ。

◇

類まれな感性と理論によって全国を代表する名将となり、多くの人から愛された木内監督。そんな恩師の訃報を受け、仁志さんは著書の「あとがき追記」に想いを綴っている。

２０２０年11月24日。享年89歳。とうとう逝ってしまった。いつかはそんなときが来ることは覚悟していた。訃報を聞いたとき、さすがに涙が止まらなかった。それまで、そのときが来ても「またどこかへ行ってしまった」と、意外にあっけらかんとしているのではないかと思っていた。正直、どんな心境なのかと聞かれても答えることができない。ただ、亡くなった現実を受け止めると涙が溢れてくる。

最後に会ったのは亡くなる約1カ月前の10月28日。入院をする前日だった。新型コロナウイルス感染対策の影響により、入院をしてからでは面会ができなくなるということで、急な連絡ではあったが運よく時間が空いており、ご自宅まで出向くことができた。ご自宅へ着くと娘さんに付き添われながら、木内監督が寝室から弱々しいながらも自分の足で歩いてくる。やせ細っていたその姿は正直ショックだった。つかつかと早い足取りで歩いていた元気な姿からは想像もできない。ゆっくりと歩いて居間へ入ると、くの字に置かれたソファーの奥側に座った。その左側に直角に置かれたソファーの木内監督側に常総学院野球部監督となった島田直也さん、そして島田さんの左隣に私は座っていた。いつもであれば座るなり野球の話が始まるのだが、この日は座ってもなかなか喋らない。すでに肺に穴が開いており、声を出すのも難しい状態だったからである。それでもできる限りの肺活量で一生懸命話そうとする。

「島田は素晴らしいよ、さすが島田だ」「仁志は島田のいた球団だろ？」

かすれた弱々しい声だったが、伝えたいことはよく分かっている。いつものように話せるのならば、訪ねてきた教え子に目いっぱいのおしゃべりをしたかっただろう。もっともっと伝えたいことがあっただろう。声にできない悔しさは表情を見ればすぐに分かる。木内監督が最初から最後まで優しく褒め続けることはそれが最初で最後。そして、別れ際にした握手も最初で最後。最後になるであろうことは本人も分かっていたのだろうと思う。

こうして思い出しているとまた涙が溢れてくる。

でも、寂しいわけではない。

これまでも何年も会わないことなどよくあることだった。

悲しいわけでもない。

名将と呼ばれ、多くの方々に応援していただいた人生の幕を閉じることに本人も悔いはないだろうから。悔しいわけでもない。病魔に襲われても、もう歳だからと延命すること

1987年夏の甲子園での監督（前列右から3人目）

も望んでいなかったのだから。しかし、本当に逝ってしまったのだろうか？

昔を思い出しているうちに私の心の中での木内監督はイキイキと動き始めた。そして、あの茨城弁で相変わらず口悪く喋っている。私の中で木内監督がいなくなることはない。ずっと追いかけ続けるその姿は絶対に消えることはない。私たち教え子は木内幸男の遺志を継ぎ、これからも木内野球を継承し続ける。

わが心の木内野球は、ずっとずっと原点であり続ける。

CHAPTER

1

木内マジックの証言者

金子 誠

1993年夏甲子園4強

現・北海道日本ハムファイターズ野手総合コーチ

「野球を見る角度、感性の部分を与えてもらえたことは本当に感謝しています」

略歴

かねこ・まこと● 1975年11月8日、千葉県生まれ。常総学院では1年春からベンチ入りし、同秋から遊撃レギュラー。2年夏から3季連続で出場した甲子園では8試合で34打数9安打、2打点、打率.265。94年ドラフト3位で日本ハムに入団し、攻守に堅実なスタイルで21年間にわたってプレー。96年に新人王、99年にベストナイン、ゴールデン・グラブ賞は3度受賞。2015年からコーチとして日本ハムを支え続けている。NPBでの通算成績は1996試合出場、打率.256、84本塁打、620打点、113盗塁。

金子誠さんは常総学院高から1993年ドラフト3位で日本ハムファイターズ（現・北海道日本ハム）に入団。二遊間を守る名手として21年間の現役生活を送り、現在は同チームで一軍野手総合コーチを務めている。その原点にあるのは高校時代の〝木内野球〟。まずは不思議な体験談からスタートしながら、思い出を振り返っていく。

◇

木内さんが亡くなる2日前、夢を見ました。夢って普通、何を見たかってほとんど覚えていないものですよね。でもあの日はしっかり覚えていた。野球をやっている夢を見て、なぜか木内さんが出てきたんです。

たぶん、そのときはチームの守備をどうしようかって考えていたんだと思います。ここ数年、ファイターズは守りが課題だとも言われているし、僕は守備の人間だから余計に悩んでいたのかな（笑）。夢ではなぜか自分がノックを受けていて、ノッカーが木内さんだったんですよね。で、パッと起きたときに「そういやジイさんと去年会ってからちょうど1年くらい経ったなぁ」って。そして、「今は何してんのかな。元気かな」って考えていたら、次の日の夜に球団広報から電話が来て、「木内さんが亡くなりました」と。これが〝虫の知らせ〟ってやつなのかなと思って。高校時代、実際に木内さんからノックを受けたことって1回くらいしかないんですよ。当時はもう60歳を超えていましたし、ノックバットを持つことなんてなかった。だから夢の中では「今さらノックを打って…」と思ったんですが、何かのメッセージだったのかもしれませんね。

実戦重視の中で育まれた力

どの選手に聞いてもそうだと思いますが、常総学院時代は「このクソジジイ!」と思ったこともよくあります（苦笑）。ただそこで3年間を過ごして、いざ高校野球を引退するってなった瞬間から〝恩師と生徒〟の関係に変わる。僕もいろいろな人と出会ってきましたが、胸を張って恩師だと言えるのは、木内さんだけです。今まで野球をやってこられた土台というのは、高校時代の3年間に集約されていると思いますね。野球観というか、野球を見る角度というか、感性の部分を木内さんから与えてもらえたことは本当に感謝しています。木内さんは僕らに「グラウンドは野球をするところ。走り込みやトレーニングをしたいのであれば合宿所に帰ってやれ」と言っていました。学校が終わって全体練習が始まるのが

16時で、終わるのが19時くらい。少ない時間で常に野球をやっていましたね。また冬場などは普通、多くのチームは走り込みやトレーニングなどで体の強さを求めていくものですが、ウチの場合はやはり実戦。冬場でも紅白戦を毎日やって、選手たちにサインを出させるんです。で、木内さんはいつもバックネットから見ていて、疑問が出てくるとマイク越しに「なんでそのサインを出したんだ」と言って試合をたびたび止める。そうやって毎日を過ごしているから、どんなサインが出ても、どういう起用をされても、常総学院は選手が困らないんですよね。

木内さんは学校の教員ではなかったので、僕らは学校生活や寮生活のことを言われたことは一度もありません。〝グラウンドで会う人〟っていう感覚で、平日は時々しかいなかったんですが、「今日はいないんだな」と思っていたら突然バックネットにいてマイクで喋り出したりして、「いたのか！」って（笑）。また人って普通、名前を覚えるときに顔を見て一致させると思いますが、木内さんはグラウンドでの姿、投げ方や打ち方や走り方などで名前を覚える人。僕は一般受験で入学したので最初のうちは話もしてもらえず、キツかったですね。その後も「お前は勉強して入ってきたんだから（そのまま）勉強しろ」なんて言われたりもして、半年くらいは馴染めない日々が続いて…。それでも、絶対に負けるわけにはいかないと思って過ごしていました。今はもう、学校のクラスのことなどはほとんど思い出せないくらいですから、僕は本当に野球をするために常総学院へ通っていたんだと思います。

ちなみに僕らが現役の頃、監督のミーティングは話がとにかく長くて、寒い冬でも1時間くらい続くんですが、過去の伝説などもよく聞かせてもらいました。必ず出てくるのが84年夏に取手二高で全国制覇した世代の話と、島田直也さんの話。で、仁志敏久さんの話。最近はそこに僕の話も加わっていたそうですから、嬉しいですね。

◇

そんな野球漬けの日々を経て、金子さんの世代は2年生だった92年夏から3季連続で甲子園出場。93年夏にはベスト4進出を果たしている。そして1学年下の世代が翌94年春にセンバツ準優勝。これで常総学院は全国区の強豪としての地位をより盤石にしていったわけだが、当時はどんな〝木内マジック〟があったのか。

世の中ではよく〝木内マジック〟と騒がれますが、実際にプレーしている僕らの中では決してマジックじゃありません。常総学院の選手にとって、木内さんの采配は「俺たちのチームの野球の仕方」っていう感覚。木内さんは観察力や洞察力がすごくて、言霊を持っている人です。そして試合の流れを見ながら、選手一人ひとりを見ながら、いろいろと起用していく。いわゆる〝勘ピューター〟っぽい部分も持っているんですが、理論派ですよね。しっかり根拠を持っているからこそ、重要な場面で作戦がパッと閃いて、それがよく当たるんだと思います。

たとえば僕らの世代で言うと、ある左打者がいました。守るのは下手ですが、打撃はいい。その選手に対して木内さんは「お前はその打ち方だったら左ピッチャーを打てるな」と言って、練習試合でも左ピッチャーのときに代打で起用していった。よく「左対左は打者が不利」なんて言われますが、木内さんは平気でバンバン出すんです。そうやって続けていくと、本人もその気になるんでしょうね。県大会でも甲子園でも、同じような場面が来たら左ピッチャーに対してその選手が出ていって、見事に打つんですよ。

また、僕自身も冬の練習で全然打てなかったとき、「いくらやってもしょうがないから左で打て」と言われたことがあります。そこから寮に帰って一晩ずっと練習して、次の日の打撃練習で左打席に入ったら、木内さんから「お前、なんだ！　遊んでるのか！」って（苦笑）。そこで「監督が言ったんじゃないですか」と言ったら「それはモノのたとえだ」と。つまり、右で打ってそんなものならたまには左で打ったら面白いぞ、くらいの感覚だったそうなんです。ただ実際のところ、僕は右投げ右打ちなので、ときどき左で打ったら新しい発見があった。左打ちを一晩練習して、木内さんに言われて右打席に入ったら、なんか違う景色が見えて気持ちよく打てたんですよね。そこまで計算していたのかは分かりませんが、これも〝マジック〟かもしれないですね。

そして僕が一番印象に残っているのは、同期の根本健志（元・本田技研）を四番に据えたこと。彼は中学時代には軟式野球部の投手でしたが、入部してすぐの1年生だけの練習でブルペンに入ったら1球もストライクが入らなかった。そこでティー打撃をやらせたわけですが、次の日、3年生も含めた遠征の試合でいきなり四番に抜擢されたんです。そしてそれ以降も、根本は四番を外れたことがないんですよ。しかも本人に聞いたら、中学時代もヒットなんか打った記憶がないんだと（笑）。そんな選手を四番にしてしまうんですから、すごいですよね。

キャプテンを2回クビに

当時のことで思い出しましたが、僕、実はキャプテンを2回もクビになっているんですよ。1回目は2年夏。3年生が1人しかいなかったので県大会では僕がキャプテンをやっていたんですが、無事に優勝を決めて、「最後だから」ということで甲子園ではその先輩に託すことになりました。そして、2回目は2年秋。新チームになってまた僕がキャプテンになり、秋の関東大会で優勝してほぼセンバツ出場を確定させたのですが、冬の練習でバントを失敗したことがあって、木内さんから「バントもできないようなヤツにキャプテンなんかさせらんねぇ」と（苦笑）。その言葉はハッキリ覚えていますね。

ただ実は僕らの世代って、僕も含めて4人がキャプテンを経験しているんです。エースの倉則彦（元・東芝）、キャッチャーの円城寺隆光、四番の根本。みんな中心選手で、月ごとに何かしら理由がついてクビになっていた。もしかしたら、責任感を持たせながらそれぞれの良さを出そうという、木内さんの手法だったのかもしれません。

実際、僕が一人で黙々とやるタイプだったのに対し、たとえば根本などは「主将になったからには自分が何とかしなきゃ」と思うタイプで、円城寺は口で言って引っ張っていくタイプ。で、3年夏は「みんなで決めろ」みたいな感じで僕がキャプテンに戻ったわけですが、最後は一人に頼るのではなく、みんなでバランスを取っていけるチームになった。そういう意味ではいろいろな人が役割を回せて良かったですし、だから今でも同級生たちで仲良くできているのかなと思います。

充実の高校3年間を経て、金子さんは卒業後にプロの世界へと羽ばたいていった。そこに至るまでの経緯を辿ると、やはり木内監督が大きく関わっている。金子さんがその想いを語る。

◇

僕の場合、親が（家計を支えるために）タクシー運転手の仕事に復帰までして私学へ入れてくれたので、何とか野球を頑張って、その先の世界につなげようと考えていました。

高卒で就職することも頭にありましたが、やっぱり将来のことを考えたら大学には行きたかった。ですから、野球がしたくて頑張っていたというよりも、進学するための術として野球で負けるわけにはいかなかった、というのが正直なところです。

ただ木内さんには1年秋あたりから、ずっと「お前は大学のセレクションでは受からない」と言われていましたね。だからこうしろっていうわけじゃないんですが、「打てるし、肩も良いけど、お前の形じゃ無理だよ」と指摘を受ける。要は当時の大学野球って、多くのチームが「内野手らしい内野手」を求めていたんです。たとえば捕球姿勢だったら、しっかりと股を割って低く腰を落とす形が好まれる。僕は捕り方にしても投げ方にしても、そういうタイプではなかったんですよね。

そこからは「じゃあ自分の形でも大学へ入れるようにするにはどうすればいいか」と考えるようになりました。そしていろいろ資料を調べてみたら、全国大会である程度の成績を収めれば推薦入学の対象になる、と。だから僕の出した答えは「意地でも甲子園に出て勝たなきゃいけない。そのチームの中にいることで、どこかの大学が獲ってくれるかもしれない」。高校時代はそういう想いでずっと野球をしていました。「セレクション〝では〟落ちる」っていう木内さんの言葉があったからこそ、じゃあ勝って実績を残すしかないなっていう発想になれたんです。

そんな僕がプロ入りを目指すようになったのは、3年夏が終わって引退した後のことです。もともと監督も大峰真澄部長も、僕が大学進学を希望していることは知ってくれていました。ただ高校日本代表に入って9月にヨーロッパ遠征をしたとき、周りの意識の高さに驚きました。高校3年間、茨城の小さな区域でしか野球をしていなかったので「プロってどんな世界なんだ」という感覚だったけれども、他の選手たちはみんな当然のようにプロ入りを目指していた。しかもそういう人たちが集まる中、僕は常総でも打ったことのなかった四番で使われ続けたんですよね。だから「俺って、これだけの人たちの中で四番を打たせてもらえるようなレベルにいていいの？」と。そこから「プロに挑戦するっていう選択肢もアリだな」と思い始めたんです。そして（家計を考えると）早く給料も欲しいし、弟もいるし、プロの世界で野球をやり続けていこうと。

目標が変わり、帰国して木内さんに相談したら、「なんだよぉ。お前は大学に行くと思って、（スカウトの話を）みんな断っちゃったよぉ」って（笑）。でもその次に「じゃあ、明日もう1回グラウンドに来い」と言われました。で、そこで僕を見てくれたのが日本ハムのスカウトだった山田正雄さん（元GM、現スカウト顧問）です。

実際にドラフト指名を受けた後、山田さんには「プロ入りしたら最初からガンガン行く準備をしてこいよ。新人合同自主トレの1日目から勝負だぞ」と言われていました。ですから僕はその後もしばらく常総の寮に泊めさせてもらい、グラウンドに来て練習をしていました。秋には国体もありましたし、とにかくずっと野球をしていた印象。このときにはよく木内さんと話をしていましたね。ただ、入団した後は「いやぁ、もう我々よりも上のところに行っちゃった人には敬語だよ」って。そこの線引きもすごいですよね（笑）。

でも木内さんって、見ていないようでよく見ているんですよ。プロの試合もそうですし、僕が侍ジャパンのコーチとして戦った試合についても「どうだ？」って聞いてくれて。プロの世界に行った人も含めて、野球界に残っている人たちの将来がどういう姿になっているのかっていうのを、想像しながら楽しんでいたんだと思いますよ。教え子の誰かがプロの監督になったりとか、そういう姿もきっと見たかったでしょうね。

超えることはできない存在

まぁ、それでも僕らは「木内監督」を超えることはできません。あの感性と思い切りの良さは、特にプロの世界にいる僕らでは難しい。ただ、人と違う視点で野球を見たりとか、「この人はどういうことを考えているのかな」って観察したりとか、そういう部分は木内さんからもらった大きな財産だと思っています。

そう言えば２０１９年の12月、ＯＢが集まるバーベキューがあって、僕はなぜかそのタイミングで家族を連れていったんですよね。そのときに初めて自分の子どもを木内さんに会わせて、奥さんも結婚したとき以来の対面。自分の中でも、何かふと（ここで会わせておかなきゃいけないと）思うところがあったんじゃないかな。その頃、周りから「木内さんは最近外に出なくなって元気がないんだよね」とは聞いていたんですが、バーベキューのときも普通に自分で歩いてきて、バックネット裏の階段まで歩いて登っていたので「まだまだ元気じゃん」と。でも、おそらく無理はしていたんだと思います。

ここ数年はいつも「次会うときは葬式だからな」なんて自分で言っていましたが、僕らは「ああやって言っているうちは10年くらい大丈夫だろう」と思っていました。そう言い始めてから本当に10年くらい経って、突然の訃報。どうやら夏場あたりから体調が良くなかったとは聞きましたが、本当に驚きました。

葬儀に参列したとき、木内さんの棺があって、周りの人からは「最後に顔を見ていったら?」と勧められました。でも、あえて見ませんでした。僕の中ではバーベキューのときの元気な顔のイメージのまま、とどめておきたかったんです。木内さんは今、空のほうでもきっとガヤガヤやっているんでしょうね。

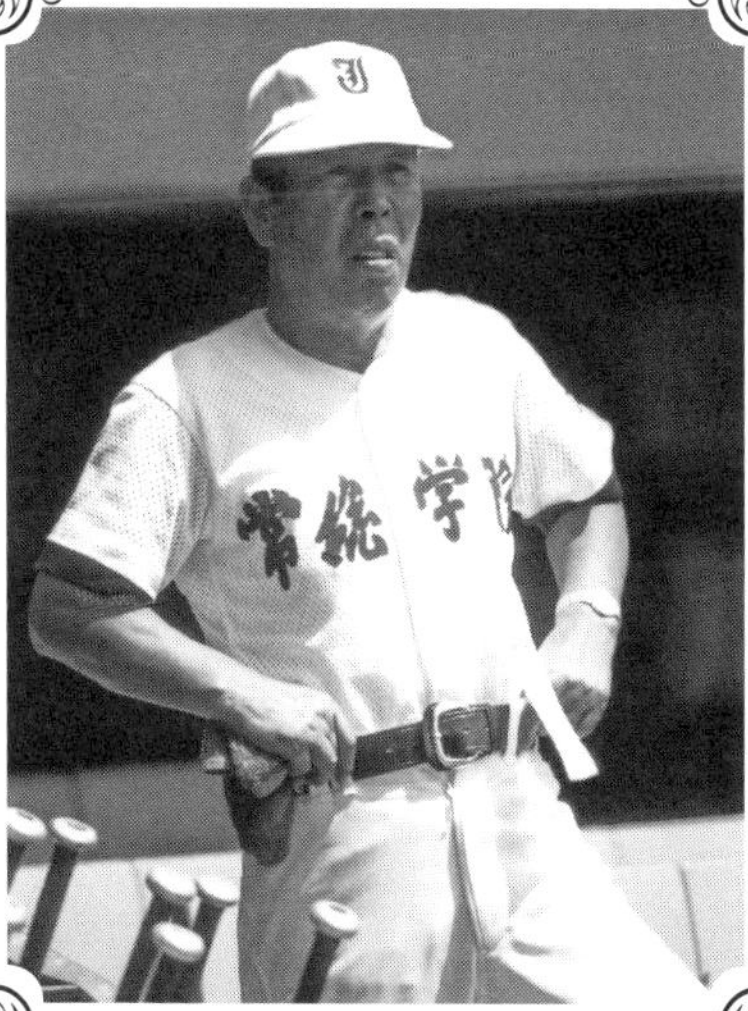

1993年に出場した甲子園での監督

CHAPTER 1

木内マジックの証言者

上田祐介

2001年春甲子園優勝メンバー
現・NTT東日本コーチ

「今はどういう状況なのかと常に考えているからこそ、木内野球は進化し続けられた」

略歴
うえだ・ゆうすけ● 1983年11月20日、茨城県生まれ。常総学院では2001年春の甲子園で全国制覇。同年夏も甲子園出場。卒業後は日本大、NTT東日本でプレー。現在はNTT東日本でコーチを務める。

常総学院高が悲願の全国制覇を果たしたのは２００１年春のセンバツ。木内監督が就任して17年目、同校の通算11度目の甲子園でのことだった。その当時、捕手としてチームを支えていたのが、現在はＮＴＴ東日本でコーチを務めている上田祐介さんだ。

◇

中学時代、県内で強かったチームの中心選手たちがみなこぞって常総学院に行くという話を聞きました。僕も「それだけの人が集まったら強いんじゃないか」と考えて常総へ。木内監督に対しては「テレビで観た人」というイメージでしたが、初めて会ったときからとにかく野球のことをずーっと話していて、ただただ圧倒されていました（苦笑）。

おそらく、1年時は存在を認識してもらえていなかったと思います。練習中も選手の名前が分からないことが多くて、木内監督が「アイツは…」とか言うと、コーチ（当時）の佐々木力さんが横から「○○です」って名前を耳打ちする感じ。どうやらユニフォームを着たときの雰囲気と野球での動き方で人の名前を覚えているそうで、ＯＢになってスーツ姿であいさつに行ったら「誰だ？」って思うみたいです（笑）。一応ユニフォームの背中に名前は書いてあるんですが、ちょっとスキのあるプレーなどを見せたらまたすぐ忘れられる。「覚えてもらうまでに何年かかるんだろう」と思いましたし、だからすんなり名前を呼んでもらえるだけでも光栄なことなんですよね。

僕がちゃんと名前を呼んでもらえるようになったのは、おそらく2年時。春季大会後から正捕手として試合に出るようになり、そのあたりから直接声を掛けてもらえるようになった気がします。

緊張感漂う全体練習

指導の仕方で言うと、暴力や体罰などはまず見たことがありません。逆に、高校野球っぽさもなかったですね。いわゆる高校野球のイメージ——練習ではみんなでまとまってこれをやるんだとか、ずっと走ったりトレーニングをしたり、声を出したりするようなことは一切ない。入部時に印象的だったのは、木内監督から「君たちは野球をやるために入ってきた」と言われたこと。当時、父母会の方々が週末に集合して草むしりや清掃などもしてくれていましたし、本当に野球のこと以外はやらなかったと思います。

つまりひと言で表せば、野球に専念できる環境を整えてもらっていた。だからこそ、僕らは逆に野球だけの評価、試合や練習の中での「選手としての評価」しかされていませんでした。練習は基本的に毎日が実戦形式。よくありがちな「シートノックを1時間」とか、そういうことは絶対にありません。ノックをするにしても走者はつけますし、打撃練習も野手（打撃投手）やマシンを使うのではなく、実際のピッチャーが投げる球を打つ。それを見ながら、木内さんはバックネットのところからマイクでずっと喋っています。そしてところどころでプレーを止め、ダメならすぐ二軍落ち。全体練習は3時間程度と短いのですが、僕たちはそこで木内さんから言われたことを自分たちの中で噛み砕いて、野球を覚えていくわけです。で、「この技術がないと次に使ってもらえない」と思うからこそ、自主練習で技術の習得を目指していくんですよね。

言ってみれば、僕らにとっては全体練習が本番で、そのために普段から自分たちで準備しておくという感覚。だから全体練習の緊張感はすごくて、1つのミスが命取りなので常にピリピリしていました。木内さんからは、本当に細かい部分まで指摘されましたね。プレーのミスはもちろんですが、考え方のズレとか、その前に言っていたことが答えられないとか、それがあった瞬間にもう一軍にはいられなくなる。ただ、最初は何を言っているのか理解できないことだらけなんですけど、こうして一発勝負のサバイバルを毎日経験していると、だんだん意味が分かって野球が上手くなっていくんです。僕の野球における考え方が形成されたのは間違いなく高校時代ですし、木内監督に野球観を叩き込まれていなければ、今の自分はないですね。

木内監督のもとで野球を学び、上田さんの世代は着実に結果を残した。2年秋は県大会と関東大会を制し、翌春はセンバツ優勝。さらに3年春の県大会でも優勝し、3年夏も制して春夏連続で甲子園出場。その歩みの中には、さまざまな〝マジック〟があった。

◇

木内監督がすごいのは、やはり洞察力じゃないかなと思います。常に選手のことを見ていて、変化には瞬時に気付く。当時、年齢的にはもう70歳前後でしたが、エネルギッシュでした。イスに座ってはいるけどボーッとしている時間がなく、あっち（遠く）でプレーが行われているのにこっち（近く）のことをパッと話したりして、ずっと野球を見ていましたね。そして、「この時期に使えばこの選手は機能するようになっている」とか、相手チームを見て「こういうタイプが多いからこの選手は絶対に結果を残す」とか、「この流れでこの選手を出せば間違いなく成功する」とか、普段からそういうものをイメージしているんです。それがあまりにも当たりすぎているから〝マジック〟と言われるんでしょうけど、普段からそういう練習をしているので、必然の結果なのかなと。

もちろん、やっている僕らも最初のうちは「なんでこの場面でこの選手なの？」と思うことはあります。ただ、とにかく実戦練習にしても練習試合にしても、最初のうちは人がどんどん入れ替わっていく。誰がレギュラーなのか分からないくらい、1つのミスごとにグルグル交代していくんです。僕らはそこに何とか食らいつきながら、ピースとしてはめてもらえるように頑張る。そうしていくうちに、木内監督の采配の仕方が染み付いていくわけです。

センバツでは優勝させてもらいましたが、個々で見たら決して能力の高いチームではなかったと思います。ただ木内さんの野球観が僕たちの実力を高めてくれて、試合で勝てるように動かしてくれた。そこがなければ、絶対に優勝することはなかったと思いますね。

たとえば南部（和歌山）との初戦（2回戦）。序盤にいきなり0対7とリードされてしまったのですが、木内監督は「このまま終わっても何も残らないから、とりあえず1点を取れ」と。そう言われて1点を返した瞬間から、一気に流れが変わって8対7と逆転することができました。実はこのとき、僕たちは舞い上がっていて、事前の甲子園練習でも監督から「これだけは絶対にやれ」って言われていたことを忘れてしまっていたんですよね。その流れのまま試合に入ったら案の定、今までにないような試合展開に。で、あたふたしているときに木内監督からのひと言があって、ようやく落ち着いていつものペースを取り戻せたんです。

準決勝の関西創価（大阪）戦も印象に残っていますね。1対1で迎えた延長10回裏、無死一塁の場面。普通に考えて、犠打で一死二塁を作りたい状況だと思いますが、打席に入っていた2年生の横川史学（元・楽天ほか）に打力があったこと。また相手は大会ナンバーワンと言われた野間口貴彦投手（元・巨人）でしたが、無死一塁ならバッテリーも甘く見てくるだろうということで、サインはヒッティング。ここで長打が出て、一気にサヨナラ勝ちを収めることができたわけです。

あとはやはり仙台育英（宮城）との決勝ですね。序盤からバントを多用して、バントヒットが二塁打になったり、スクイズが決まったり。さらに投手交代でも相手の左打者を迎えた場面で2度、センターを守っていた左投げの村田哲也をワンポイント起用。木内監督は優勝インタビューで「勝ちにこだわりたかった。許してください」と言っていましたが、僕らも「勝つためにこういう野球をやるんだ」と理解していましたし、選手の特性をしっかり生かしてもらえたと思っています。

驚きの選手起用

それとビックリしたのは、右サイドスローの平澤雅之の扱いですね。センバツ準々決勝（対東福岡）では足に打球を受けて降板したエースの村上尚史に代わって大活躍したりと、彼の存在がなければ優勝もなかったとは思うんですが、夏の県大会の1カ月前あたりには学生コーチにさせられていたんです。練習に参加するのは打撃投手くらいで、あとは基本的に手伝い。そんな状況になれば、「もう自分の高校野球は終わったんだな」と思いますよね。

ところが夏の県大会で優勝して甲子園に向かう直前、木内監督は紅白戦でいきなり平澤を登板させたんです。そして1カ月半ぶりの実戦にもかかわらず快投を見せると、甲子園でも2番手で好投。木内監督の中では「いったん落としてそこから上がってくるようなら使える」という判断だったのかもしれませんが、本当に野球をやらせないところまで落としたのに最後の最後で活躍させてしまうんですから、「この人の感覚はすごいな」と思いましたね。

木内監督の価値観という部分では、身長が180㌢くらいのスケールが大きい選手で、さらに下級生が好きでしたね。たとえば3年時、新入生で坂克彦（元・阪神ほか）が入ってきたんですが、センバツに行く前からすでにセカンドで練習試合に使っていました。もともとセカンドのレギュラーだった2年生の大﨑雄太朗（元・西武）は、センバツではセカンドで出場するのにもかかわらず、「坂が入ってきたからお前はもう外野だよ」って言われてライトの練習をしていましたからね。若くて才能のある選手には、チームの軸としての期待をかけていたんだと思います。ただ、だからと言って木内監督は、選手起用を個人的な好き嫌いで決める人ではありません。精神的な根性論などを感じたこともなく、結果が出れば使われるし、ダメなら使われない。ある意味、シンプルに判断していたと思います。

厳しい練習の一方で、甲子園では笑顔が代名詞となっていた木内監督。上田さんは「理不尽なことは1つもなかった。ある意味、大人扱いしてくれていたような気がします」と名将のチームづくりを振り返る。

◇

先ほども言ったように、常総はすごく野球に集中できる環境。木内監督は生活面のことを一切言わないですし、特に甲子園では僕らを怒って委縮させることもなかったですね。おそらく選手たちが普段の野球を発揮できるよう、伸び伸びとやらせることに徹していたんじゃないかな。

高校野球はよく教育の一環だとも言われますが、木内監督はそういうものを通り越して、根本的に「勝ったら楽しいでしょう」っていう感覚なのかもしれません。もちろん、部長の大峰（真澄）さんや佐々木さんが僕らの生活面を見てくれていて、そのフォローがあったからこそ、木内監督は野球の指導に専念できたのだと思います。

3年夏の甲子園では1回戦が開幕試合で、2回戦までの間隔が空いたこともありますが、勝ったらそこから2連休。あの時代の高校野球の常識では、絶対にありえないことですよね。しかもその日、木内監督は僕らに「ホテルから出て遊びに行け」と。また「みんなで同じ（チームの）ジャージを着るな。私服で出ていけ」とも言われました。強豪校って厳しく管理されているイメージで、外へ出るときも集団行動をさせるのが普通だと思いますが、僕らはしっかりと街に溶け込んでいました（笑）。ホテル生活もまったく管理されないので、他のチームの選手からは羨ましがられましたね。髪型も一応は〝坊主〟で統一していたんですが、3年夏になったら「自由にしていいよ」と。身だしなみなどを注意されたこともありません。

一方で練習はもちろん厳しいのですが、逆にそれさえ乗り切ってしまえば試合では自由ですし、気持ちも本当に楽。練習での「何をどう見られているんだろう」「何か1つでも気に障ったら出られなくなる」という怖さに比べれば、試合でミスをすることなんて何とも思いません。負けたりミスしたりしてもペナルティがあるわけじゃないですし、試合中は監督からバンバン指示が出ることもなければ、個々に細かいアドバイスがあるわけでもない。選手の特性を見ながら「こういう流れだからこうする」「相手がこうだからこうする」と動かしていくだけで、しかもそれを実行できない選手がベンチに入っていることはおそらくありません。練習の段階で準備はすべて終わっているんです。そして聞いた話では、木内監督は試合前に選手の起用から戦術のパターンまで、あらゆることを考えているそうです。つまり試合が始まったら、流れに合わせてどのパターンが良いのかを当てはめているだけなんですよね。

また振り返ってみると、練習の緊張感はすごかったですが、僕らに〝やらされている感〟はまったくありませんでした。野球のセオリーを説明したりするときは話が長くなりますが、長々と説教をすることなどはなく、普段のミーティングもあっさり終わる。むしろ「ハイ、いいよ〜」って言うだけで終わっちゃったり、ミーティングをする前に帰ってしまっていることもありました。練習しているその場でとにかく野球を教え込んで、終わったら「ハイ、終わり」っていう感じ。あとは自分でやっておきなさい、という指導ですね。

多分、結局は選手が自らやらなきゃダメなんだっていうことを分かっていたんじゃないですかね。実際、常総では自分で考えて動くことができなければ、自分の立ち位置をどんどん落としていくことになる。そういう意味では、大人の野球を常に求められていたんだと思います。

そう言えば、ウォーミングアップも個人に任されていましたね。全体でやるのはグルッと1周走るくらい。基本的には「10分くらいでアップしろ」なんて言われながら各自で準備して、すぐキャッチボールに入るような感じ。でも試合って本来、そういうものなんですよね。早く体が温まる選手もいれば、時間が必要な選手もいる。その時間配分をすべて自分で考えなければならないわけで、準備不足は自己責任なんです。だから他のチームが全員でまとまってウォーミングアップをしていたりすると、それを見て「長いなぁ」と思っていました（苦笑）。

それと、冬場や大会前の期間などに「追い込み」をするチームもあると思いますが、僕たちのときはそんな記憶もないですね。逆に夏の暑い日などは練習を止められたりもしていて、雨が降ったときや選手たちに疲労があるときなどはいきなり「練習終わり！」ということもあった。大会に近づくほど練習の強度が楽になっていって、「本当にこれだけで終わっちゃうの？」っていう感じでした。だからこそ、そんなに緊張感も高まることなく試合に入れましたし、普段から実戦慣れをしているので力むこともない。大学時代、他の選手から高校時代の話を聞いたときには「そんなに追い込んで練習しているの?」って、逆にカルチャーショックを受けたのを覚えています(笑)。

高校を卒業すると日本大でプレーした後、社会人球界を代表する捕手となった上田さん。そこまで野球を続けてこられたのは、木内監督との出会いがあってこそだという。では、最も生きた〝木内の訓え〟とは何だったのか。

◇

木内監督から教わったのは、とにかく「自分で考えてやれ」ということ。基本的に自主的な姿勢を求められていて、一人ひとりの選手に付きっきりで教えるというのは見たことがありません。大事なことは言ったんだから、あとは自分たちで理解して実践して、結果として見せてくれっていう感じです。当然、厳しいことは言われているんですが、裏表もなく素直に思ったことをずっと喋っているようなイメージで、まったく嫌味がない。だから、言葉が僕らの中にスッと入ってくるんですよね。

そして、よく言われたのは「相手を見ろ」「常に弱点を探せ」。野球は相手がいるスポーツなんだということを常々言われていて、特に僕はキャッチャーというポジションでもあるので、いつも自分ではなく相手を見るように心掛けてきました。守備面では、普段から打者を見ながらスキを突いていく。攻撃面でも「こういう投手を打ち崩すならこうやって攻めたほうが楽じゃないか」と。そうやって見れば見るほど相手の弱点が分かるようになってきて、野球がどんどん簡単になっていくんです。その能力をしっかり高められたのが高校時代でしたし、今まで技術的に劣ることはあったとしても、周りを見て考えるという部分だけは誰にも負けたことがないと思っています。

時代の変化にも対応

常総学院と言うと〝木内野球〟という言葉が浮かびますが、実は決まったスタイルがあるわけではありません。「今はどういう状況なのか」と常に考えているからこそ、停滞せずに進化できる。木内監督自身も周りを見て、時代の変化に対応していたと思いますね。おそらく「ウチの野球はこの形だ」という考えでずっとやっていたら、どんな相手が来ても同じ野球になってしまうでしょう。でも〝木内野球〟は常に臨機応変に動く。これさえ徹底しておけばいいというものがないので、ある意味、すごく難しいことでもありますよね。僕は決して体も大きくないですし、特別に秀でているものがあるわけでもないのですが、その中でも自分で考えて居場所を探していくことができたから、社会人まで野球を続けられたのだと思います。

木内監督と最後に会ったのは、もう何年も前のことだったと思います。だから僕の中には元気なイメージしかないんですよね。たしか亡くなる1週間ほど前あたりか、「実は入院しておそらくこのまま帰ってこない」という連絡が来ました。そこで同期の小林一也（現・専大松戸高コーチ）から「一緒に挨拶に行かないか」と誘われたんですが、20年は都市対抗野球大会（社会人野球の日本一を決める大会）が通常開催（7月）から11月下旬〜12月上旬の開催に日程変更されていて、ちょうど大会が始まる時期と重なっていたので行けませんでした。しかも僕が所属するNTT東日本は準優勝で終わったのですが、準決勝の日が通夜で、決勝の日が告別式。何となく心の準備はできていたものの、結局会えずじまいで…。ただ、木内監督とお別れのタイミングで僕はちょうど監督から教わってきた野球の

2001年のセンバツ優勝後に凱旋する監督

試合をやっていたわけですから、それもある意味すごいことですよね。

現在は指導者として野球を教える立場。木内監督の采配の感覚などはいまだに分かりませんが、野球を心底、本気で考え抜いて、相手に合わせて対応していくんだということは、いつも選手たちに言っています。僕もそれで成功させてもらえた人間ですし、その姿勢の大切さだけはこれからもずっと伝えていきたいですね。

CHAPTER 1

木内マジックの証言者

松林康徳

2003年夏甲子園優勝時の主将
現・常総学院部長

「木内監督は練習や試合で試して
自分の頭の中にデータを蓄積させている。
それも〝マジック〟の要因」

略歴

まつばやし・やすのり● 1985年8月19日、神奈川県生まれ。小2から鶴ケ谷センタークラブ、鶴ケ谷フェニックス、南加瀬辻少年野球部でプレー。中学時代は東京城南ボーイズ。常総学院では3年夏に主将として全国制覇を経験。専大でも主将を務め、卒業後の2008年4月に母校のコーチ(野球部顧問)に就任した。16年4月より部長。

２００３年夏に常総学院高の主将として甲子園優勝。さらに大学卒業後は同校顧問となり、現在は部長を務めている松林康徳さん。自身の人生に大きな影響を与えた木内監督の存在は、初対面から衝撃だったという。

◇

僕は神奈川県川崎市の出身で、中学時代は多摩川を渡って東京城南ボーイズでプレーしていました。進学先として最初は身の丈に合う高校へ行きたいと考えていたのですが、監督の大枝茂明さんが「どこのチームでも俺が頭を下げてやるから」と言ってくださって、ひとまず常総学院の練習を見学することになった。そして木内監督と面談したところ、プロフィールを見ながらこう言われたんです。「キミみたいな〝並〟の子はゴロゴロいるから、ウチに来ても3年間球拾い。わざわざ神奈川から来て、メンバーに1回も入れなくて地元に帰ったら、何しに行ったんだって言われるよ。高校野球は身の丈に合った学校に行って、試合に出たほうが良い。常総に来ても意味ないよ」。

これは本当に衝撃でした。進路で悩む中学3年生にここまでズバッとストレートに言うことなんて、普通はないですよね。独特な監督だという話は聞いていましたが、ここまで飾りっ気なく全部本音で喋る人はいない。その瞬間、僕は「うわぁ、この人を何とか見返してやりたい」と思った。そして、最後に「それでも本当にここでやりたいっていうなら、それも何かの縁だから。それなら部長に相談してくれ」と言われていたので、帰り際にはすぐ大枝さんに「常総でやりたいです」と伝え、部長の大峰真澄先生に話をつないでもらったんです。実際に常総に入ってみると、日が経つに連れて結果を出す人間との開きが出てきました。同期ではのちにプロ入りした坂克彦が1年春から使われていて、「本当に3年間、メンバーに入らずに終わるんじゃないか」という想いもどんどん増していった。「やっぱり辞めようかな」とか、身の丈に合う学校や地元の学校に転校しようかと思ったこともあります。ただ、最終的にはちゃんと現実を見ていこうと。そこからはひとまず、木内監督に名前で呼んでもらうことを目標にしました。常総学院はレギュラーが固定されているわけでもなく、誰が出てきてもいいようなスタイルで練習をしています。たとえば「サードで誰かいないか？」とか「次、誰か代打に行っていいぞ」なんて言われるタイミングもよくある。「誰でもいいから」っていう感じでバンバン起用していって、そこで結果が出るとそのうちに「サード、○○」「代打、○○」と名前を認識してもらえるようになるんです。だから、とにかく普段から木内監督の視線のど真ん中に入るようにして、必死にアピールを続けました。監督は基本的にバックネット裏からマイクで指示を出しているので、目の前でバットを振ってみたり、みんなで扇形に並んで行うロングティーでも真ん中を陣取ってみたり、ユニフォームの背中に書いてある名前をわざわざ見せるようにしたり（笑）。そうして2年春あたりからようやく「松林」と呼んでもらえるようになり、2年夏には大会のベンチ入りの候補者に名前を入れてもらえるようになりました。

その2年夏ですが、僕は左手首の有鉤骨を骨折してしまいました。バットを持てないほど痛くなり、練習を休むことを大峰先生に伝えたら「手を見せてみろ」。そして、手のひらのマメを見て、「こんだけ（バットを）振ったのか。分かった」と。その後、どうやら大峰先生が木内監督に「松林はこういう経緯で手首を痛めたから見捨てないでほしい」と言ってくれていたみたいで、新チームになった2年秋もまだケガをしていたんですが、ランナーコーチとして使ってくれた。そこで初めてベンチ入りをさせてもらいました。

一番声が出るからキャプテン

また、故障が明けた3年春以降も大抜擢でした。春の県大会のメンバー選考の際、木内監督から「1〜2年生で20人を選ぶならランナーコーチの枠も必要だ。ただ新入生が入って3学年揃ったときに、お前に1枠をやるのはもったいないから（今回は）入れない」と言われました。それでもケガをしていながら秋のメンバーに入れてもらえただけでありがたいことだったので、「ここからは学生コーチをやろうかな」と思っていたんですよね。しかしその後、木内監督にまた呼ばれて「メンバーに入れたい人間が19人しかいないから、やっぱりお前をランナーコーチで入れる」と。そこまでしてもらえたわけですから、もう感謝しかない。ここで「春が終わったらもう選手を辞めて、木内監督にお礼を言って学生コーチになろう」と決めました。そして手首にテーピングをグルグル巻いてガッチリ固定し、県大会だけは何とかしようと考えて春に臨んでいたんです。

ところが、でした。当時、ピッチャーの飯島秀明がファーストを守っていたんですが、県大会では調子が悪かった。そこで木内監督が「ファースト、後ろは誰が守ってるんだっけ？」と言うと、周りが「ノックでは松林が2番手で守っています」。そして準々決勝で「松林、行け」となり、ポッと出たら3安打。そこからスタメンになり、（県優勝で出場した）関東大会が終わるとそれまでキャプテンだった坂に代わって「松林が一番声出るからキャプテン」と。本当に目まぐるしく状況が変わって、後に木内監督からも「松林、高校野球を4カ月くらいしかやってないよな」って言われて（笑）。こんなシンデレラストーリーがあるのかと思いましたね。

◇

松林さんたちが全国制覇を達成した夏、木内監督はすでにその大会限りでの勇退を表明していた。選手たちはどんな心境で勝ち上がっていったのか。

03年1月6日の練習初めのミーティングのとき、木内監督は僕らに「今年で（監督を）辞めっから」と言いました。さらに「次の監督にいい戦力を残さなきゃいけないから、新入生と新2年でチームを編成しようかなぁ、とも思う。でも、最後だから甲子園に行って終わりたい、とも思う」と。そして「だから、俺は甲子園を狙っていくから」と言ったんです。それまで、「甲子園を狙う」なんて言葉にすることは、まずあり得ませんでした。常々、選手たちが甲子園に行きたいんだったらそれをサポートする、ということを言っていましたし、指導者を動かすのは生徒たちなんだと。そんな中で初めて「甲子園を狙う」と言われたわけですから、鳥肌が立ちましたよね。そして、木内監督が本気になっているんだから、自分たちがその熱を冷ましてはいけないなという想いはありました。僕が春に「学生コーチになろう」と決めたのも、無理にベンチに入れてもらったような気がして、木内監督のために動くとしたら学生コーチのほうが自分に合っている、と考えたからです。

キャプテンの立場としては木内監督の最後の夏、甲子園へ出られずに終わらせてしまったらいけないなと思っていました。ただ幸い、チームメートたちも甲子園への想いは強くて、みんなが同じ方向を向いていたのでやりやすかったとは思います。自分の実力がないことは感じていたので、心掛けていたのは一番早くグラウンドに来て、みんながグラウンドを出るまで練習すること。また、もともと2つ上のキャプテンだった小林一也さんを尊敬していたので、小林さんみたいに振る舞い、小林さんみたいにチームを引っ張っていけば間違いないと思っていました。

さすがに甲子園で優勝するとまでは思っていませんでしたが、木内監督の中ではすべてをそこから逆算して組んでいたようです。たとえば6月の練習試合では大きく負け越していたんですが、「6月は梅雨があっていつ練習できるか分からないから追い込みだ。雨が降ったら休み」と言われていて、朝も夜も練習する日が続いた。しかもその年は梅雨の時期が遅れてなかなか雨が降らなかったため、疲れがどんどん溜まっていったんです。僕らは練習しているのに負けるから「うわ、弱いわ」と思っていたんですが、木内監督の中では「この状態だったら勝てるわけない」と計算済み。だからその時期、マイナスなことは何も言われなかったんですよね。で、7月に入ったら一気に練習が楽になって、ちょっとずつチームの状態も上がっていった。まんまと操られていたなと思います。

県大会で優勝したときは、嬉しい気持ちは数パーセント。「自分たちにとっても最後の夏だ」とは言い聞かせていたものの、それ以上に周りから「木内監督の最後の夏」と言われていたので、9割方は「やっと終わった」「良かった、これで一息つける」という安堵感。最低限の役割を果たした、という想いでしたね。そこから甲子園までは、1年夏も2年夏も先輩たちを見て流れが分かっていたので、やるべきことを淡々とこなしながら1日ずつ過ごせたと思います。木内監督は「お前らの野球なんだから、お前らの好きなようにやればいい」と。そして「俺にとってみたら何回も甲子園に行っているから、何十回分の1だ。でもお前らにとっては1分の1でしかないから、お前らが勝ちたいんだったらそういうふうに努力すればいいよ」と言ってくれていましたね。

大会を通して言うと、チームとして戦えたことが大きかったと思います。監督からは無理難題を言われるわけでもなく、高校野球はこういうことを守っていれば勝てるんだよと、醍醐味を教えてもらえた感覚。たとえばチャンスで打席に入ったとき、打てそうもないのに「打て」と言われるのは苦しいですが、そこでスクイズをやれば1点が入る。送りバントにしても、転がしただけで「よくやった」となる。選手に対して変に期待をかけたりはせず、背伸びしない野球をやらせてもらっていたような気がします。

重要なのは組織としての力

あと捕手の大崎大二朗（元・東京ガス）がよく言うんですが、対戦相手の分析において、この打者にはこれくらい打たれるとか、これくらいの点数で抑えられるというものが、すべて計算通りだったと。事前に分析した結果と、マスクを被っているときの打者への感覚が、ほとんどずれなかったそうなんです。

そこに付け加えて、木内監督が試合前に「(今日の相手は)こういうチームだからこういうふうにやろう」と言うんですが、何が最善の策かという考えは一致していたと思います。3回戦(対静岡)だったら「捕手が強いからディレードスチールが有効だ」とか、準々決勝の鳥栖商(佐賀)戦なら「雨が降っていてグラウンドが緩いからゴロを転がそう」とか。静岡戦はたしか序盤に1安打で3点を取っていますし、鳥栖商戦などは足元が滑るのでわざとピッチャーに捕らせるバントをしたり、スクイズを決めたり、二死三塁からセーフティーバントで点を取ったり。バント作戦でいつの間にか点数が入っているっていう感じで、〝木内野球〟がしっかりと表れていたと思います。

決勝は東北(宮城)戦で、相手はダルビッシュ有投手(現・パドレス)。一応、こういう球種があってこういう傾向にあるという情報は頭に入れていましたが、特に対策があったわけではなく、僕らは「単純にすごいピッチャーだから完全試合やノーヒットノーランだけはやめようぜ」と。また決勝でも大差で負けると胸を張って帰りにくいので、それだけは避けたい。そんな感覚でしたね。だから2回に大崎がチーム初安打を放った瞬間には「よっしゃ、これでノーヒットノーランはないぞ」って（笑）。そこから1つずつコツコツと進めていって、0対2の4回表に3点を取って逆転（無死一塁から二番・泉田、三番・坂と強攻策を仕掛け、坂の二塁打で一死二・三塁。四番・松林の三ゴロと五番・吉原皓史、六番・大﨑の連続長打で3者連続打点を挙げた）。左腕の磯部洋輝と右サイドの飯島を中心に相手打線も何とか抑えて、チーム力で勝つことができたんです。団体スポーツだからこそ、組織としての力が重要なんだなと実感させてもらいました。

高校卒業後の松林さんは専修大でもキャプテンを務め、教員免許を取得して08年4月より常総学院高へ赴任。野球部顧問として母校へ帰ってきた。一方、03年夏限りで勇退した木内監督は副理事長として学校に残り、07年8月に監督復帰。つまり松林さんは、奇しくも恩師が戻ったタイミングで指導者人生をスタートさせることになった。

◇

現役時代、僕は背伸びせず自分ができることをやっていく感覚を持っていましたが、指導者になってからは「これくらいのレベルなんだよ」というものを伝えた上で、そこから選手を引き上げていくという感覚を持つようになりました。

と言うのも、たとえば木内監督に「あの子はこうなんですよね」という感じのことを言うと、「お前がそれを教えられないだけだろう」と返されてしまう。また「こういうミスが出てしまって」と言ったら、「それを前もって言ってあげればいいじゃないか」と。よく言われたのは「勝手に生徒のレベルを過小評価するな」ということです。過小評価というのは、自分の指導力不足を露呈しているだけ。逆に過大評価してもいいくらいで、指導者側がそのレベルまで生徒を上げてやればいい。何も全員にホームランを打てと言っているわけではなく、全力疾走やバックアップ、中継プレー…。そういうものはこちらが言い続ければ、いくらでもできるものなんだと。「常総学院に来ている生徒なんだというプライドを持って指導にあたれ」と言われました。

逆に現役時代と変わらなかったのは練習の雰囲気ですね。プレッシャーがすごくて、毎日ピリピリしていました。メイングラウンドにいられるのは25人のメンバーで、それ以外の選手はみな佐々木先生の指導のもと、サブグラウンドで練習する。で、ミスなどが出たら「今捕ったの、サブ行け」なんて言って、すぐ「○○のポジション、（サブグラウンドから）1人来い！」って呼ばれる。交代で入る選手は別に誰でも良くて、毎日コロコロと入れ替わるので、レギュラーとか控えとか、1番手とか2番手とか、そういう括りはまったくありません。常に戦場にいる感じで、だから試合でのプレッシャーにも押し潰されないんだなと思います。

また普通、選手が結果を残せなかったときって、指導者は少なからずその選手に原因を求めることもあると思います。でも木内監督の考え方というのは、打てないのが分かっているのに打席に立たせるということは、使った指導者が悪い。あるいはどういう結果になるか、細かい部分まで見えていない指導者が悪いんだと。ですから、周りから見たら「なんで代えるんだ」って思うときも、平気でスパッと交代させることができる。レギュラーだろうが何だろうが、調子が悪いときは打てない。それなら無名であろうと、調子が良い人を使ったほうがいいだろうって。過去の実績やイメージなどで起用して失敗することもよくあると思うんですが、木内監督にはそれがなく、本当に選手たちをフラットに見ているんですよね。

常総学院は11年夏の木内監督勇退後、佐々木さんが監督となった。そして16年4月、前部長の入江道雄さんが同校教頭になったことで、松林さんが部長へ。さらに20年7月からは島田直也さんが監督となり、松林さんが引き続き部長、佐々木先生が統括責任者（GM）、大峰さん、国井伸二朗さん、草場大輔さんが顧問を務める現体制となった。

◇

佐々木先生が監督の時代、木内監督は「総監督」として残ってはいましたが、グラウンドに来るのは年に数回程度。おそらく、自分がいると佐々木さんがやりづらくなるだろうという配慮だと思います。それと、弱い自分を絶対に見せたくないっていう人だったので、近年は年齢的なものもあったと思いますね。

木内監督が高校野球の現場を去るというのは大きなことで、時代の流れを感じました。それでも緻密さやデータの採り方、相手の分析などは今のチームにも継承されていますし、土台はしっかりと残っています。今後の常総学院については、木内監督が築き上げてきた土台の上で、時代に合うように進化していければいいんじゃないかなと思います。

体調が本当に悪いんだと知ったのは、亡くなる1カ月ほど前。それでも年を越せるとは思っていたんですけどね…。でも医者に向かって「自分は治療を受けない」と言ったそうですし、「自分にその時間を割くなら若い世代の面倒を見てやってくれ」と。潔くて、木内監督らしいなとも思いますよね。

木内監督は70年以上も野球に関わってきたと思いますが、古いスタイルでそのまま続いていることがなく、情報が日々更新されている。今の言葉で言えば、頭の中は〝AI状態〟で動いていたんだと思います。スポーツ界で「水を飲むな」と言われていた時代から水を飲ませていたり、ピッチャーのワンポイント起用がない時代からそういう起用をしていたり。アンダーシャツの進化についても僕らの時代、飯島と磯部を呼んで「最近はこのピチッとしたシャツが流行りらしいから、着てみろ」なんて言って。応用力もすごくあるなぁ、と思ったものです。また、あまり教育的な部分を求める人ではありませんでしたが、それは木内監督が答えから言う人だったからだと思います。

普通の人は「挨拶をしろ」「掃除をしろ」「練習は大事だ」って過程から言うんですが、選手がその先の答えに辿り着くまでに疲れてしまうこともある。でも木内監督は答えから言って、そこから逆算して「じゃあこれが必要だよね」と考えさせるんです。で、練習をしなくても試合で打てば練習をしたのと同じことになるし、試合で打てなければその練習は自己満足だったということになる。結果が出ていないときって、やっぱりどこか考え方が足りていないもので、だから世界で活躍しているアスリートたちを見てみると、みな普通の人じゃ考えない部分まで突き詰めているんだと思います。

僕も指導者として、生徒たちにはいろいろな経験を積ませながら、できるだけ自分で考えて学べるような状態にしてあげたいなと思っています。そのためにも、これからもっと指導を勉強していかなければならないですね。木内監督と最後に話をしたのは、19年12月の最終日曜日でした。「お前、何歳になったんだ」と訊かれたので「34になりました」と言うと、「そうか、まだ若いか。まだ若いんだから勉強しろ」と。その言葉を大事にしたいと思います。

2003年夏の甲子園を制した監督とナイン

CHAPTER

2

取手二高時代

教え子たちの回想

CHAPTER

2

木内マジックの証言者

松沼博久

木内野球の草創期を知る右腕

元・西武ライオンズコーチほか

「木内さんのやっていることにはいつもちゃんと根拠があった」

写真は西武時代

略歴

まつぬま・ひろひさ● 1952年9月29日、東京都生まれ。取手二高でプレー。卒業後は東洋大、東京ガスを経て、1979年ドラフト外で西武に入団。小柄ながら繰り出される威力あるボールを武器に79年には16勝をマークし、新人王のタイトルを獲得。その後もチームに欠かせない戦力として活躍した。90年限りで現役を引退。その後はロッテ、西武でコーチを歴任。NPBでの通算成績は297試合登板、112勝94敗1S、防御率4.03。

松沼博久さんと言えば西武ライオンズの黄金期に通算112勝を挙げ、多くのファンから「松沼兄」「アニヤン」の愛称で親しまれたアンダースロー投手だ。アマチュア時代は取手二高、東洋大、東京ガスでプレー。その中でも高校での恩師・木内幸男の存在が、自身の人生を切り拓く大きなきっかけになったのだという。

◇

私は東京都墨田区の生まれで、小2の終わりに千葉県北西部の流山市へ引っ越し。ですから取手二高や木内さんの存在はよく知りませんでした。ただ電車でちょっと行くとすぐ茨城県があり、中学時代に「近場で野球の強いところはどこだろう」と探したとき、茨城県の取手市にダークホース的な立ち位置で強いチームがあると噂にもなっていたので、試験を受けて入学したわけです。

当時、木内さんは30代後半。入学前の春休みから練習に参加したら、練習試合のときに「試合に出してやるよ」なんて言われて、いきなり外野で出してくれました。フライが1つ飛んできて、「オーライ!」って声を出して捕ったら、「お前、すげぇなぁ。先輩たちがいる中でよく捕ったな」と。嬉しかったし、いいオッサンだなぁと思いましたね（笑）。

高校入学後、正式に部員となってしばらく経つと、だんだん怖さが分かるようになります。殴ったり蹴ったりというのは見ないですが、よくノックバットでコツンとやられたりはして、言葉も茨城弁なので当たりがキツく感じる。とにかくよく怒る人だなぁと。私は中学時代に内野を守っていて、1年秋からショートで試合に出るようになったんですが、当時は捕り方から何から細かい部分までうるさく言われましたね。部員も毎年十数人は入るんですが、ほとんどが厳しさを感じて辞めていく。それが当たり前の時代で、私の世代も残ったのは私と同期の左ピッチャーの2人だけでした。

野球人生の転機

2年夏が終わって自分たちのチームになると、人数不足もあって私はピッチャーへ転向しました。やりたくはなかったので、木内さんに指名されていなければ、おそらくその後の野球人生は拓かれていなかったかもしれません。もともと肩には自信があり、下級生時は打撃投手などをずっとやっていてコントロールも良かったんだとは思いますが、いざマウンドから投げてみるとなかなかストライクが取れない。どうしたものかと考え、少しずつ腕を下げてみたらスムーズになって、最終的にはアンダースローへ。そこから何となく「これでやっていこう」と思えるようになり、走者が出たときのけん制やクイックなども勉強しながら大会で投げられるようになったんです。

そして木内さんの大親友（2歳年上）であり、取手二高で投手コーチをしていた本田有隆さん（元・東京ガス）にもお世話になりましたね。木内さんが常総学院に移ってからもコンビを組み続けた方ですが、その本田さんが「横から投げるときは重心をもっと下げて…」なんて指導をしてくれたおかげで、ピッチャーとして成長できたとも思います。木内さんはピッチングについてはあれこれと言いませんでしたが、「打者に向かっていく気持ちをもっと前面に出せ」とは言われましたね。試合に負けて口を利いてくれなかったこともあります（笑）。ただ後になって考えると、言われたことはみんな的確なアドバイスだったかなぁ。その後、3年夏の県大会では鉾田一高に延長10回でサヨナラ負け。大会前にもう一人の同期のサウスポーが指を骨折してしまい、私1人で投げ切りました。ここで「このまま辞めたくない」という想いがあって野球を続けた結果、大学・社会人・プロでもいい人に巡り会えてさらに成長できたわけですが、すべては取手二高に入って木内さんと出会ったところからスタートしているんですよね。

松沼さんが取手二高でプレーしたのは１９６８〜70年。まだ同校の甲子園出場はなく、苦戦した時代だった。ただ、それでも県内ではたびたび存在感を示しており、松沼さんも２年夏と同秋に県ベスト８入り。草創期の〝木内野球〟にも「マジック」の片鱗は十分に見られていた。

◇

木内さんは選手を積極的に集めるようなタイプではなく、また普段から平気で「お前なんか要らないよ」「辞めちまえ」なんて口癖のように言っていましたから（笑）、私たちの時代は常に少ない人数で野球をやっていました。夏はいつも3学年合わせても15人前後じゃなかったかな。しかも決して能力が高いわけじゃない。そういうメンバーである程度勝っていたから、逆にすごいですよね。よく取り沙汰される采配面などは、当時から優れていたと思います。

取手二高は私が卒業して弟・雅之（元・西武）が入ってきて、74年夏に県準優勝。そこから名前が一気に売れて（翌75年夏も準優勝で）選手が集まるようになり、どんどん強くなって甲子園に出られるようにもなりました。言ってみれば私たちのときは戦力が弱くて、新聞紙を丸めた棒で戦っているような感じ。それでも結構相手を斬ることができたわけですから、そんな木内さんに刀を持たせたら無敵ですよね。

類まれな戦術眼と決断力

木内さんの采配は、決断力がすごかったです。たとえば普通は選手を交代させるとき、アウトカウントやボールカウントを見て、その打席が終わるまで待ったりするものですが、木内さんの場合は「ダメだ」と思ったらボールカウントが2―0だろうが0―2だろうが、パッと代えてしまう。自信を持って行動しているんだなと思っていました。

また、1点を取ればサヨナラ勝ちっていう場面で走者三塁になったとしたら、サインはまず送りバントなんですよね。で、それだと当然、打者はなかなかバントをしないので、相手に「バントするぞ」と思わせながら見逃すことになる。そうやってカウントを稼いで、「3ボールになったら絶対にスクイズをやるから」って言うんですよ。そして、いざそのときが来たら「ストライクだけやるんだぞ！」って言いながら、スクイズのサインを出す。結局、相手も甘いゾーンに投げるしかないので、ちゃんと成功する。あの時代から、今で言うセーフティースクイズの原型を完成させていたんですよ。

あとはプッシュバントなどもよく使っていましたし、ディレードスチールもやっていました。木内さんいわく「ディレードスチールの意味が分かっているのか！　デレーッとしていて、スキを突いて走るんだ！」って（笑）。相手の意表を突くような作戦はたくさんありましたね。

それとよく覚えているのは、私はもともと右打ちだったんですが、打撃練習を見て「お前、それじゃ通用しないから左で打て」と。なぜかと訊いたら、「お前は右手（捕手寄りの手）が強く返る。左打ちだったら（右手が投手寄りの手になるため）スムーズに返せるようになるから」と。それで本当にスイングがスムーズになって、打球が詰まることが少なくなったんですよ。まぁピッチャーになってからは、利き腕の死球を食らいやすくなるので「お前を左打ちにしたのは失敗だった」とずっと言っていましたけどね。たとえ冷静に見て「試合で使えるわけがない」っていうレベルの子であっても、育てていくうちにゴロやフライが捕れるようになったり、打てるようになったりするし、見る目も選手を指導する力も、とにかくすごかったですね。

育てるという部分では、雨が降ったら教室に集合して、ルールの勉強もするんですよ。インフィールドフライはこうだとか、打撃妨害はこうだとか、3フィートラインはこうだとか。高校生ってそんなに細かいところまで知らなかったりもするので、そういう知識を得られたこともその後に役立ちましたね。

さらに取手二高は県立校ですから、もちろんナイター設備もないですし、毎日の練習を長時間できるわけでもない。そんな中で明るいうちには実技をこなし、暗くなったらバットを振ったりトレーニングをしたり。そういう時間の割り振りも得意だったと思います。また一般的に「水を飲むな」と言われた時代でしたが、私たちはベンチ前の水道で水も飲めましたし、真夏だって朝から晩まで練習したわけでもない。朝練も強制ではありませんでした。木内さんは自主練習も含めて選手たちをうまく使うというか、選手たちが自分で考えてやるように仕向けていた。あの当時から、すでに今の時代に近いスタイルで練習していましたね。

世間では甲子園の大舞台で見せる笑顔のイメージが強い木内監督。だがその一方、関係者に話を聞くと誰もがグラウンドでの厳しさを語る。その指導の原型は、松沼さんの時代からすでにあったという。

◇

高校時代は、ただただ怖い人というイメージが強かったですね。「ごじゃっぺ野郎！（茨城弁でいい加減、間抜けなどの意）」とか「まったく使い物になんねぇ」とか、よく怒られました。そして「常に前向きに取り組む気持ちでいないと使えないよ」とも言われました。私はどちらかと言うと、嫌だと思ったらそのまま嫌になってしまうタイプ。ただ、そんな中でも逃げずに踏みとどまったのは、木内さんに何を言われても野球が好きだと思えたからですね。取手二高で野球をするのも自分で決めたことだったので、何があってもやり切ろうと。「継続は力なり」とはよく言ったもので、木内さんに叱られるのが一番怖いことだったんですが、おかげで根性は身につきましたね。そう思わせてくれる部分もまた〝木内マジック〟だったのかもしれません。

マジックと言われると手品のように感じますが、木内さんのやっていることにはちゃんと根拠があったと思います。それは決して采配に限ったことではないですね。たとえば私は高校時代にキャプテンをしていて、しかも同期には私も含めて2人しかいないわけですから、どう考えても最後の夏はエースナンバーがもらえると思っていました。もしくは、その同級生がケガをする前はショートやファーストを守ることもあったので、百歩譲っても背番号は「6」か「3」だろうと。ところが、与えられたのはまさかの10番。木内さんからは「東京六大学ではキャプテンがつける番号だ」と言われたんですが、これはまったく想定していませんでした。

高校生からすれば、2ケタの背番号というのはレギュラーじゃないようにも思われますし、卒業後もどこか堂々と言えない部分がある。ですから監督が背番号を配っているとき、私は受け取らないでそのまま家に帰ってしまいました（苦笑）。するとその晩、後輩から電話があって、「松沼さんがいないと試合にならないから来てください」とお願いされて…。そこで「仕方ないな」と思って、いざユニフォームを着たときにはもう背番号のことなど忘れて「やるしかない」と。今思えば、そうやって私を奮起させることまで木内さんが計算していたのかもしれませんし、チーム全体のことを考えて、「3」と「6」のレギュラー番号は下級生に与えて自信を持たせたいという意味もあったんじゃないですかね。

そもそも私がキャプテンになったのも、ショートを守っていた時代にノックバットで頭をコツンとやられて、ふて腐れていたら「お前をキャプテンにする」と。そのときは「なんで俺が」と思いましたが、大して強くない人間でも「やらざるを得ない」と覚悟すると結果的にできるものですし、厳しくされながら耐えて頑張っていると、自然と強くなっているんですよね。

私は喋るのが苦手で不言実行を貫いているタイプだったんですが、木内さんは話し始めたらまったく止まらないほど、本当によく喋る人。そんな姿に影響されて、「とにかく思ったことをしっかり発信していけば、相手も分かってくれたり質問してくれたりするようになる」という感覚になり、だんだん喋れるようになっていったんです。最後の夏はなぜか選手宣誓のクジが当たってしまったんですが、それも何とかこなすことができました（笑）。

木内さんって、人を信用しないような言い方をするんですけど、なんだかんだでやっぱり選手を信用しているんだと思います。

すごく覚えているのは、あるときサードゴロのバックホームの練習をしていて、ノックを打っていた木内さんが「打ったらサードランナーが走ってくるだろう。（少し横へ）逸らして送球しないとボールがランナーに当たっちゃうんだから、その辺の判断をちゃんとやれ」と注意したんです。そして次の瞬間、「俺は後ろを向いているから」って言って、ノックを打ったらパッとバックネットのほうを向いたんですよね。それはつまり、サードに対して「俺に当てるなよ」というメッセージ。「そこまでしてやればアイツはきっといい送球ができる」って、信じ切っているんですよね。で、実はその送球が木内監督に当たってしまったんですけど、湿布だけ貼って平気な顔をして、決して怒ったりはしませんでしたね。

◇

木内監督との交流は晩年まで続いたという松沼さん。OBとして接するうちに、恩師に対する印象は少し変わっていった。その素顔とはいったいどんなものなのか。

選手の立場からすると「口うるさく怒鳴っているだけなのかな」なんて思っていましたが、OBになってみて感じたのは、木内さんはちゃんと的確なことを言っているんだなということ。「あの子はなぁ…。もうちょっとうまく（バットを）振れば当たるのに」とか呟いたりもして、野球の参考書と言うか、先生のような感覚になりましたね。

ちなみに「先生」と言っても木内さんは当時、学校の購買部の職員として働いていて、野球部員だったときはなかなか買いに行きづらかったんですけどね（笑）。給料は安かったようですが、とにかく野球が大好きでのめり込んでいるような感じ。教え子の中から指導者になった人もたくさんいますが、野球に対する姿勢も含めて、木内さんから受けた指導が身になっているんだと思います。

高校卒業後のことで私が印象的だったのは大学1年時、夏休みに取手二高の練習の手伝いに行ったときですね。大学の野球部ではまだ球拾いや掃除などの下働きしかしていなかったんですが、木内さんからは「お前、大学1年になって帰ってきたら（成長していて）すごいな」と。怒られてばかりいた人からそうやって褒められて、「もしかしたら自分はもっとやれるのかな」と自信を持たせてもらいました。また母校のグラウンドでは、高校時代の2年先輩で同じアンダースローだった鈴木昭仁さん（元・日立製作所）と投げ合いをしたこともあります。そのとき木内さんからは「お前の球は速いな。どうしてそんなに速くなったんだ。鈴木が出られなくなっちゃうから同じチーム（日立製作所）には出さないぞ」と言ってもらえましたね。

そして木内さんのすごさは、やはり自信じゃないですかね。一見すると弱音を吐いているようでも、実は弱音じゃない。「こんなチームじゃ勝てん」と言ったりもするんですが、逆に「それでも勝ってやる」という想いを感じました。言葉に出すことで、自分を鼓舞してバネにしているようでしたね。「今年はダメだから3年後だよ」なんて言いながらも、その年その年の選手たちをジッと見据えながら指導されていたと思います。そこから甲子園に出るようになって、84年夏にはついに全国制覇。私はプロ野球のシーズン中でしたが、ロッカールームでテレビを観ながら「ウチのチームがこんな舞台で戦っているよ」と思って、すごく嬉しかったですね。実際に木内さんの姿が映って采配しているのを見たら、やっぱり興奮しましたよね。

余談になりますが、木内さんはゴルフが大好き。私たちの時代、生徒が授業をしているときには時間が空くので、校庭に出てアプローチの練習を延々とやっていました（笑）。本田さんもゴルフ好きなので一緒にコースを回ったこともありますが、２人ともすごく上手でビックリしたのを覚えています。

89年の生涯

こうして振り返ってみると、木内さんがいなくなるのはすごく寂しいですね。毎年12月、取手二高と常総学院の関係者が携わっている少年野球チームを集めて「木内幸男旗」という大会をやっていたんですが、私も参加させてもらっていて、いつの間にかそこで元気な木内さんの姿を見るのが楽しみになっていて…。子どもの野球を見るのも好きな方で、他にもいろいろな少年野球の試合に顔を出していたそうです。子どもたちはもちろん木内さんのことを知らないでしょうけど、関係者にとっては神様のような存在。ですから「木内旗」では監督たちが緊張しながら采配していましたね（笑）。

２０２０年は新型コロナウイルス騒動の影響もあって中止を決めていたんですが、19年は「俺は歩くのはダメだ」なんて言いながらも相変わらずいつもの調子で喋っていました し、18年では走塁練習で自ら手本を見せたりもしていた。まさかその1～2年後に亡くなるなんて、想像もしていなかったですね。また、実は20年4月13日には本田さんも亡くなっていて、私にとって野球の原点となった2人が同じ年に亡くなってしまった。本当に寂しい気持ちです。木内さんが入院したとき、病状を知る後輩から「肺がんで年は越せない感じみたいです」と連絡をもらったのですが、そうは言っても木内さんのことだから年は越すんだろうと思っていました。ただ、亡くなった年齢が「89」歳ですから、そこまで「野球」好きで締め括るかって。

土浦一高から大学へ進まずにコーチとして残り、10代の頃からずっと指導者人生を歩んできた木内さん。「(3年夏に)俺のエラーで負けたからチームに残ったんだ」というのが口癖で、そこからずーっと野球に関わっていたわけですから、本当に野球が生きがいだったんですよね。亡くなる前には「やり残したことは何もない。悔いはない」と言っていたとも聞きました。

最後の最後までカッコいい人だったなと思いますね。

取手二高時代の監督

CHAPTER 2

木内マジックの証言者

佐々木力

1984年夏の甲子園優勝メンバー

のちに常総学院監督として甲子園出場

現・常総学院統括責任者

「いろいろな刺激を入れて、常に新しい野球を採り入れていたのが木内野球だった」

略歴

ささき・ちから● 1966年5月20日、秋田県生まれ。取手二高では3度の甲子園に出場し、3年夏には全国制覇を飾った。日体大卒業後、東洋大牛久高軟式野球部の監督を務め、93年1月から常総学院のコーチ。その後、部長、コーチを歴任して2011年8月に監督就任。12年夏から3季連続で甲子園出場を果たし、13年夏と15年春は8強進出。さらに16年春にも甲子園出場、16年夏は同8強。20年夏限りで監督を退任し、現在は統括責任者を務めている。

木内監督が土台をつくった取手二高は、1970年代に入ると上昇気流に乗った。77年夏に初めて甲子園出場を果たすと、翌78年夏にも連続で出場。そして81年夏に3度目の出場を果たす。このときの中学3年生こそ、甲子園に3度出場して3年夏に茨城県勢初の全国制覇を達成した黄金世代だ。二塁手としてその偉業を支え、のちに常総学院の監督も務めた佐々木力さん（現在は常総学院高統括責任者）は、当時の〝木内野球〟をどう見ていたのか。

◇

秋田県出身の私は幼少期に父親の転勤で茨城県土浦市に来ました。実は中学卒業後には別の私学へ行くことが決まっていたんですが、夏の甲子園で取手二高がブルーのユニフォームを着て戦う姿を見て「いいなぁ」と。さらに当時、県内で中学ナンバーワン投手として有名だった石田文樹（故人、元・横浜）が取手二高へ行くという噂も出ていて、それを聞いた他の有望選手も入学するということだったので、私も気持ちが変わって進路を変更しました。

初めて会ったときの木内監督は、すごく優しくて気さくな人だなぁという印象。練習に参加するときは電車の切符をくれたり、「これで練習しろ」ってバットやボールをくれたりもしましたね。ただ、いざ入部したらすごく厳しかった。騙されたと言えば騙されました（笑）。同期の新入部員は40人ほどいたのですが、どんどん辞めていって、残ったのは半分以下。監督は「いい加減な野球をするヤツは辞めろ」と声を大にして言っていましたので、一生懸命に野球をやろうとする選手、そして力のある選手が残った気がします。

木内監督はいつも頭の中で、これだったら甲子園に行くチームとか、これだったら甲子園ベスト8のチームとか、このチームだと甲子園出場は難しいとか、そういう戦力分析をしっかりしながらチームづくりをしていた印象。私たちのときも3年計画で、上まで狙えるチームを見据えていたと思いますね。そして、あえてチームに浮き沈みをつくることで爆発を狙っていたような気がします。

練習ボイコット事件

当時は「いずれ常総学院へ行く」という噂が出回っていて、実際に私たちが優勝した直後（84年9月1日付で常総学院高監督）には移ったわけですが、私などは「どうせいなくなるんだから遮二無二やる必要はないかな」と思った時期もありました（苦笑）。また夏の直前、6月には3年生全員で練習をボイコットしたんですが、その〝事件〟（詳細は次章）も後になって思えば、我々を発奮させるために木内監督がエサを撒いたんだと思います。内容としては、やる気のない選手を最後の夏に残してもチームの士気が下がるということで、木内監督がメンバー外の選手をクビにすると言い出したんですが、私たちからすれば「彼らが今までノッカーをやってくれたりしたおかげで今があるんじゃないか」と。それで練習をボイコットしたわけですが、そこから木内監督の歩み寄りがあって、主将の吉田剛（元・近鉄ほか）を筆頭に何人かずつ説得されていって、グラウンドに戻った。そしてセンバツ準優勝校のPL学園（大阪）との招待試合などを経て、チームが一つになっていきました。

木内監督からすると、夏に勝てるチームにするにはどうすればいいかと考え、1回勝負をかけてチームをバラバラにして、そこから跳ね返りがどれだけの力になるのかっていうのを期待したんだと思います。実際、チーム状態としてはエースの石田がなかなか絶好調にならなかった。通常なら6月あたりになると合宿などをやって1回絞ってガクッと落とすのですが、私たちの場合はボイコットがその代わりになったんですよね。私たち野手は「石田の調子が戻らなければ、もう打って勝つしかない。どんな投手でも攻略しよう」と考えていましたし、その部分の爆発力を狙ったんじゃないかと。うまく乗っかっちゃったなと思います（笑）。

そして夏の甲子園優勝は、勢いに乗ったというのが大きいですね。初戦（2回戦）では優勝候補の一角だった箕島に勝利（0対3の8回表に5得点で逆転）。ナンバーワンだと言われていた嶋田章弘投手（元・阪神ほか）と杉本正志投手（元・広島ほか）の二枚看板を攻略したというのも、自信になりました。もともと試合前には「箕島には勝てねぇなぁ」「負けて取手の花火大会でも行くか」なんて話していたくらいですからね（苦笑）。そこからどんどん勝ち上がっていって、決勝では招待試合で（0対13と）ボコボコにやられたPLにも勝利。木内監督の中には手応えがあったようですし、全国優勝までのストーリーも見えていたんでしょうね。

高校3年間、木内監督は上から目線にはならず、気さくに接してくれたと思います。良いものは「良い」、悪いものは「悪い」とハッキリ言ってくれましたし、当時は捕るのも投げるのも打つのも形を意識したりして、手取り足取り教えてもらった。普段の練習からいかに確率よく守れるか、いかに確率よく打ち返せるかっていう部分を追求していたからこそ、試合では伸び伸びやらせてもらえたんでしょうね。そして本人いわく「俺は教え魔だからな」と（笑）。中島彰一（現・日本製鉄鹿島監督）や小菅勲（現・土浦日大高監督）、中学生の指導をしている下田和彦や塙博貴…。私も含めて同級生から指導者が何人も出ているというのは、木内監督のそういう部分がつながっているのかもしれません。

そこから佐々木さんは日本体育大へ進学し、指導者の道を志した。大学卒業後は同じ茨城県内の東洋大牛久高に非常勤で赴任し、軟式野球部の監督を務める。そして93年1月1日より常総学院高のコーチへ。恩師の近くで学びながら、ずっとチームづくりに携わってきた。

◇

私の現役時代から、木内監督は「負けるよりは勝ったほうがいいんだよ」と常に言っていました。甲子園に行って活躍すれば、いろいろな将来が待っている。実績がつくことが自分のアピールにもなるわけで、たった2年半しか高校野球をやらないのに、その中で甲子園を狙わないのはおかしい、と。たしかにそうだなと思いましたし、実際に私も甲子園で優勝して初めて、いろいろなところから声を掛けてもらえた。そこで進路の選択肢が広がったんです。また木内監督は基本的に「進路は自分で決めろ」というスタンス。こちらからお願いして無理やり入れてもらうんじゃなく、「ぜひ来てほしい」と言ってくれるところに行ったほうがいいと。そして「お前らがグラウンドでピカピカ光っていれば、来てくれっていうところが出てくるよ」と言っていましたね。

個人的な話をすると私は3年夏、オールジャパンに選ばれて韓国遠征に行ったとき、PLの清原和博君（元・西武ほか）のバッティング練習を見て「こういう選手がプロに行くんだな」と思いました。10本打ったら10本サク越えするような感じ。それを鮮明に覚えていて、帰国してから「（将来を考えて）体育大へ行って指導者も目指しながら教員免許を取ろう」と思ったんですよね。

常総で指導をすることになったのは、木内監督から「手伝ってくれないか」と連絡があったから。金子誠たちが3年春のセンバツを控えていた頃の冬ですね。当時の常総では監督のほかに大峰真澄先生と入江道雄先生くらいしかスタッフがおらず、同期の小菅もコーチをしていたんですが、県立高校の採用が決まったことでその枠が空いたんです。さらに寮のほうでも生徒たちの面倒を見てもらいたいということで、「とにかく監督の指導の邪魔だけはしないようにしよう」と思いながら、コーチ生活がスタートしました。教員としても最初のうちは非常勤採用でしたが、そのまま常勤になってもう約25年。木内監督のおかげで今がありますし、木内監督が辞めるまでは、私はずっとアゴで使ってもらえれば十分だと思っていましたね（笑）。

頼まれない人心掌握術

自分が指導者になってみて木内監督から強く感じたのは、やっぱり選手に対する情熱ですね。もちろん取手二高のときとは立場が変わり、学校の経営に携わる人としての目線も加わっていたと思います。常総は私立の新設校（もともと１９０５年創立だが戦時中に閉鎖して83年に復活）でしたし、野球部の活躍によるメディアへの宣伝効果とか、進学に力を入れたりとか、それで人が集まって学校が栄えるという部分も考えていた。ただそんな中でも木内監督は、良い選手を獲りに行くっていうことはしないんですよね。監督って普通、「あの選手がいい」という情報が入るとやっぱり見て獲りたくなるものですが、木内監督にはまず「選手を育てる」っていうものがある。だから部員が少ないときもありましたし、一人ひとりをちゃんと見ています。そして特に、集中力を持ってやればそういうプレーが生まれないだろうっていうケースでは、きっちりと叱りますよね。そう言えば私も現役時代、あまりギラギラして野球をやるタイプではなかったので、「お前はもったいない」とか「もう少し上に行くことを考えたら、もっと努力するんじゃないのか」とよく言われました（苦笑）。

本当に野球一筋なんだなっていうのが木内監督の印象で、グラウンドに懸ける想いは強かったですね。グラウンドで選手たちを見ることが仕事だと考えていて、バックネット裏から常に全体を見渡しながらマイクで良いところ、悪いところを指摘していく。そこへ集中するためにもお客さんはできるだけ入れないようにしていましたし、バックネット裏で取材を受けることなどもほとんどありませんでした。

人心掌握の部分で言うと、プレッシャーを掛けたり、モチベーションを上げたりするのはすごかったですね。選手の顔つきを見るだけではなく、プレーを見て「コイツは今日ちょっとおかしいな」なんて調子を見極めていました。またスタッフまで手のひらで踊らされている感覚もあって、細かくああだこうだと言われながら毎日が過ぎていくので、一年があっという間でしたね（笑）。

その一方で練習の雰囲気については、負けん気が強い選手を育てたいということで、あまりグッと締め付けたりはしなかったですね。私の現役時代を振り返っても、ヤンチャで「プロへ行きたい」という気持ちの強かった吉田をあえてキャプテンにして、まとめ役タイプに見える中島を叱られ役にしていました。一見すると違和感があるんですが、吉田みたいな選手が野球に前向きになるとチームがどんどん強くなっていくんですよね。チームの天井を見て、そこまで持っていくようにしていたんだなと思います。

２０１１年夏限りで木内監督が一線を退き、佐々木さんは常総学院高の監督に就任した。20年夏までの９年間で甲子園に６度出場してベスト８が３回。〝新しい常総学院〟の伝統

をしっかりと築いて、現在の島田直也監督にバトンを渡した。その背景にはもちろん〝木内イズム〟も根付いているという。

私立は学校の経営方針などもあるでしょうし、人事のことはよく分かりません。ただ、私が木内監督の後任に指名されたときは、おそらく中継ぎのような位置付けだろうと。もちろんプレッシャーはあるんですが、入江先生や大峰先生が背中を押してくれましたし、最初のうちは意外と怖いものなしでやれましたね。とにかく次の指導者に託すまで、毎年しっかりとチームをつくることだけ考えていました。

◇

また監督が代わったときって、ちょっと違う要素が入っただけでうまく回ることもよくある。今まで厳しかったのが少し優しくなっただけで、いきなり好成績が出たり。そういうケースがあることも分かっていたので、「大監督の次だから」と気負っていろいろ考えてやるよりも、そのまま継承しちゃったほうがいいんじゃないかなと。ですから〝木内野球〟から転換して新しい風を入れるなどという目論みもなく、自分でも「継承します」と口にしていました。

木内監督は人をよく見ていて、子どもによって指導のやり方を変えることができる人でした。私もそこに影響されて、頭ごなしに言ってしっかりやらせる選手、少し自由を与えて伸び伸びやらせる選手などを見極めながら指導してきましたね。「(指導は) あまりガチガチにやるんじゃない」と言われたのも印象に残っていて、(15年春、16年春夏と甲子園出場。卒業後は法政大のエースとなり20年ドラフト1位でロッテに入った) 鈴木昭汰などはある程度、野放しにすることで成功できた例なんじゃないかなと思います。選手のタイプを少し見られるようになってきたのは、木内監督のおかげです。

緻密な野球を継承

それと、監督によく言われたのは「練習のための練習をするな」と。その訓えは自然と染み付いていて、私も試合と同じような練習をしたいという想いがあるので、監督時代は練習のときからプレッシャーを掛けていきました。マイクを持ってガーッと注意したりして、やっぱり木内監督と同じようにやっちゃうんですけどね (笑)。今の野球界は、子どもにできるだけプレッシャーを掛けないようにして伸び伸びやらせるという方向に進んでいますが、果たしてそれで子どもたちが本当に強くなるのか、という想いはありますね。

さらに継承してきた部分は、細かい野球ですね。木内監督が辞めるという話が出たとき、現実的に能力の高い選手が他のチームへ流れるようになったという部分はあると思います。それだけに、選手の力で打って守って勝つようなチームをつくるのは難しい。やはり緻密な野球をやっていかないと、どんどん勝てなくなってしまうなと思っていました。

木内監督って、本当に細かい部分まで野球を考えていましたからね。たとえば監督が講演などで外へ出る際、私は練習メニューが書かれた紙を渡されていたんですが、内容が細かくて時間まできっちり書いてある。その紙の通りにこなしていけば、監督がグラウンドで見ているのとまったく同じになるようなメニューの組み方なんです。また試合のオーダーを組むときもビデオなどを見てしっかりと研究し、相手の投手や打線、さらに相手の監督のタイプまで考えながら、こういう試合展開になってこの打者を何番に入れることでラッキーボーイになるとか、そこまでイメージしていたそうです。

さらに天気予報の把握も凄かったですね。「この曜日から3日間は雨でグラウンドを使えなくなるから、ここで朝練をやって絞れるときに絞っちゃおう」とか、試合の出場メンバーを選手たちに発表していたとしても「明日は風が強い。この風向きだと外野のこのポジションが難しい」と言って急にメンバーを変更したり。そしてもちろん試合中の采配にしても、相手が嫌がることを考えてよく動く。足の速い選手とか、動きのいい選手は大好きでしたね。野球ノートをつくって、バントはこうだ、盗塁はこうだ、エンドランはこうだって、選手たちに考え方までしっかりと講義もして……。私もそれに倣っていろいろとやってきましたし、機動力の部分は今も生きています。

それでいて、木内監督は柔軟性もありました。年を取ると頑固になりやすいものだと思いますが、グラウンドに外部の方が来たときに平気で「ちょっとオメェ、(選手たちに)教えろよ」って言える人なんです。いろいろな情報に耳を傾けて、いろいろな刺激を入れて、常に新しい野球を採り入れることを積み重ねていた。その姿勢は学ばなきゃいけないと思っています。

私は現在、統括責任者として引き続きチームをサポートする立場にいます。これまで木内監督のもとで選手が伸びていく姿をずっと見てきましたし、私自身も子どもが成長して

1984年夏の甲子園での監督

いくのを見るのが大好き。木内監督がいないのは非常に寂しいですが、想いはちゃんと受け継いでいるつもりです。これからも選手たちをしっかり見て、いいところを伸ばしてあげられるように指導していきたいと思っています。

CHAPTER 2

木内マジックの証言者

中島彰一

1984年夏の甲子園優勝メンバー
現・日本製鉄鹿島監督

「目の付け所や試合展開を読む感覚が研ぎ澄まされていて、次に起こることの予知能力がずば抜けていた」

略歴

なかじま・しょういち● 1966年7月1日、茨城県生まれ。取手二高時代は木内幸男監督の下、主に捕手として甲子園に春2回、夏1回出場。84年夏の決勝のPL学園戦で決勝3ランを放った。東洋大を経て住友金属鹿島（現日本製鉄鹿島）でプレー。現在は監督として指揮を執る。

社会人野球の日本製鉄鹿島で監督を務めている中島彰一さんも、１９８４年夏の黄金世代だ。「強いチームで自分を試したい」と取手二高へ入学。木内監督のもとで鍛えられたことが、捕手としての成長につながったのだと語る。

◇

木内さんと初めて会ったときの印象は「うるさくて厳しい人」。また練習試合ではユニフォームを着ますが、普段はゴルフウェア。教員ではないので、練習前になると一人でグラウンドの水撒きをずーっとやっているというイメージですね。僕らはその様子を授業中の教室から見て「今日も来てるなぁ」と（笑）。そうやって毎日を過ごしていました。

最初は気軽に喋ったりできず、監督の話を一方的に聞くだけ。師匠と弟子の関係というか、垣根が感じられるような接し方をされていました。ただ、3年生になると急に僕らの目線に降りてきて話をしてくれるようになり、「あとはもうお前らに任せたぞ」って大人扱いもしてくれる。そこでようやく認められた感覚になって、野球が一気に上達したような錯覚に陥るんです。そのタイミングもまた絶妙で、これが木内さんの人心掌握術の一つなのかなと思います。

僕の場合も、ちゃんと認識されたのは3年春が終わったあたりですかね。リード面で「どうやって組み立てるんだ、今日は」って急に質問をされたときがあって、僕が答えると「おう、じゃあそれでやれよ」。いつも「大丈夫かなぁ」と不安を感じながら試合に臨んでいた部分があったのですが、そこで自分の意見を認めてもらって自信がついたのを覚えています。それまでも取材があったときなどに「そうだよなぁ?」なんてニコニコ笑いながら相槌を求められることはありましたけど、普段は個人的に喋りかけられることなんてなく、みんなに対してフラット。チームづくりのために、あえて冷徹な部分を貫いていたのかなと思います。

幸いにも1年秋から試合に出始めましたが、肩の強い吉田剛がショートからキャッチャーに回され、僕は剥奪(苦笑)。打撃を買われて野手で出させてもらっていました。キャッチャーに戻ったのは2年夏を控えた時期。たしか吉田と2人で二塁送球のテストをさせられて、おそらく吉田も手を抜いてくれていたんですが(笑)、僕の必死さを認めてくれたのか、キャッチャーへ復帰。本当にやる気があるのかっていう部分を試されたんだと思っています。

木内さんって、試合では〝旬〟の選手を使うんですよね。前の大会で活躍したからそのままレギュラーだとか、そういう記憶を引きずることはなく、今一番良い選手を使う。だから背番号とポジションはいつもバラバラで、スタメンが背番号通りに並んだのは3年夏だけじゃないかな。僕も2年春のセンバツでは背番号5を着けてライトを守っていましたからね。それまでは主に「三番サード」だったんですが、セカンドへ回されたりもして、甲子園に行ってみたら「八番ライト」。〝ライパチ君〟なんて言われたりもしました（苦笑）。

そうやって状況によってコロコロ選手が入れ替わるので正直、背番号が1ケタでもレギュラーだとは思っていません。2ストライクからでも平気で代打を出すような人で、何か少しでも引っ掛かることがあっただけでレギュラー剥奪。そういう意味では、普段からすごく緊張感のある練習をしていたと思いますし、逆に言えば控え選手も「どこかでチャンスがあれば」と目をギラギラさせている感じがあって、競争意識に駆られていましたね。木内さんは練習が終わると「お前ら、早く帰れ」と言っていて、「練習をやっている姿を見たって俺は評価しねぇ。試合で活躍した選手を使うんだから」と。だから僕もさっさと家に帰って、次の日のグラウンドで活躍するために一人で練習した。ランニング、スイング、壁当て、ダンベルでトレーニング…。みんなには絶対に悟られないようにしながら、いかに結果を残すかと考えていました。

捕手としての心構え

キャッチャーとしては木内さんから技術的な部分を教わったわけではないんですが、心構えを知らされた出来事があります。それが2年夏の県大会。ある試合でサイクルヒットを達成したんですが、最終打席にホームランが出ていたので、試合後の取材で記者の方から「最後は狙ったんですか?」と訊かれました。そのときはヒーローになった気分で嬉しかったので、「狙いました」と。そうしたら木内さんからこっぴどく怒られたんです。

「お前、狙って打てるんだったら毎回狙え! 捕手のクセにそんなスタンドプレーしたらダメだ!」

その言葉がすごく印象に残っていて…。チームが勝ったときはピッチャーが称賛されて、その陰でグッと拳を握りしめて喜ぶのがキャッチャー。決して、自分が目立つような活躍をして勝つという部分に喜びを求めるポジションじゃないんだな、と。それを教わった気がして、そこからずっと考えるようになったのは、いかにバッテリーを組むピッチャーを生かすか。ピッチャーがダメだったらキャッチャーが監督に怒られても仕方ないんだ、と思えるようになりました。

試合でのリードについては細かい指示があるわけではなく、配球も任せてくれました。ただ木内さんの感性とそれまでの経験などから、たとえば「このチームは四国のチームでこういう野球をするから真っすぐには強いよ」とか「茨城で言ったらあのチームと似たような感じだよ」とか、傾向のようなものはアドバイスされましたね。そして僕は、それを参考にしながら使う球種の割合などを調整していました。3年夏の甲子園決勝のPL学園（大阪）戦のときも、木内さんは「清原（和博）にしたって誰にしたって、みんな打たれているのはとにかく外なんだ。インコースをバンバン行け」と。そこでエースの石田文樹と相談して、急きょ内角にシュートを投げたりしていました。

試合の勝敗って、7～8割はピッチャーが握っているって言われますよね。でも、じゃあピッチャーの良し悪しは何で決まるのかって言うと7～8割はキャッチャー。そういう自負を持ってきましたし、試合に勝つことは高校時代からずっと意識していました。いかに相手のスコアを抑えるか。いかに悪い流れをしっかり切れるか。1点しか取れなかったら0点に抑える。7点取っていたら6点までは取られてもいい。打者を抑えたときはピッチャーが良い球を投げたから。打者に打たれたときはキャッチャーのリードが悪かったから。そういう感覚は、木内さんから教わったような気がしますね。

中島さんはこれまで、他の指導者たちから「木内監督は試合中に何をしてくるか分からない。どういう野球なの？」とよく質問を受けてきたという。だが、「木内監督の教え子であれば考え方が頭と体に染み込んでいるので、この場面ならこれをしてくるなっていうのがすぐ分かるんですよ」。ならば、その〝木内野球〟の本質とはどんなものなのか。

◇

よく〝木内マジック〟なんて言いますが、僕は理に適った基本通りの野球だと思っています。思い付きとか場当たり的なことで動くのではなく、ちゃんとした根拠に基づいて動いて、なおかつそれを整然と実行する。後から聞いてみると「なるほどな」と思うことばかりなんです。

たとえば無死一塁で、打者が初球から豪快な空振りをしたとしますよね。そうすると僕らは「次のサインはバントだろうな」と思う。なぜなら内野手は強打を警戒し、前を意識して守ることがなくなるので、バントがしやすくなるから。一方、逆に打者がバントの構えを見せているのにピッチャーがビビッてボール球が続いたとします。そうすると「じゃあヒッティングだな」と。おそらく次はバントをさせようとしてバッテリーが分かりやすくストライクを取りにくるわけで、その甘い球を打てばヒットになりやすい。木内さんは常に相手の心理と状況を考えながら野球をしていて、相手がそれにハマってくれるというだけの話なんですよね。

木内さんの采配で代表的なのは、僕らの世代で言えばやはり3年夏のPL戦。9回裏でのワンポイントの投手交代じゃないですかね。

4対3の9回裏に石田が先頭打者ホームランを打たれ、動揺して次打者に死球。半分はカッカしているのと、「やってしまった」という気持ちで、落ち着きがなくなっていたと思います。無死一塁で迎えたのが左打者の三番・鈴木英之（現・関西国際大監督）。そこで木内さんが出てきて左腕の柏葉勝己にスイッチさせ、石田には「頭を冷やしてこい」という意味でライトを守らせました。打者はバントの構えをしていたのですが、柏葉が2球だけ投げて犠打を阻止（捕ゴロで二塁封殺）。そして一死一塁、打席に四番・清原というところでまた石田をマウンドに戻したんです。

いったん冷静にさせてからもう一度投げさせるなんて本当に絶妙な継投でしたし、今では左対左のワンポイント起用も珍しくないですが、当時の野球では「こんな戦い方があるの？」っていう感覚。さらに清原を三振、五番の桑田真澄（現・巨人コーチ）を三ゴロに抑えて延長戦に持ち込んだわけですから、作戦が見事にハマりましたよね。僕もマスクをかぶっていて、抑えたときには「すげぇ、こんなことやっているよ」って鳥肌が立ちました。そして10回表に（自身の3ランなどで）4点を取って8対4で勝利。やっぱり、勝負を分けたポイントはあの采配に尽きるのかなと思いますね。

試合展開を読む力

木内さんには人に見えないものが見えていたと思います。僕は選手たちによく「予測と視線が大事だよ」と言うんですが、木内さんはまさに目の付け所や試合展開を読む感覚が研ぎ澄まされていて、次に起こることの予知能力がずば抜けていた。ただ本来、野球ってそういうものなんですよ。次はピッチャーがこれを投げる。そうするとあのバッターはこういう形で打つから、じゃあこっちに打球が飛ぶなと。そこを守っているのがこういう選手だから、こういう結果になるなっていうところまで想定できている。だから木内さんが「1点入るよ、この回」って言うと、その通りになるんです。

僕も指導者になってから、気が付いたことはできるだけ口に出すようにしました。そして普段から「こういうことが起こるぞ」「ここへ飛ぶぞ」と言っていると、勝手に頭の中で計算する習慣ができてくる。こんなことをするだろうなっていう予測があればそこに目がピッと行くようになり、答えだけがパッと浮かんでくるようになるんです。「俺は見ているぞ」って目を光らせている監督はたくさんいますが、木内さんはたとえば内野がノックをしていたら、自分は外野でゴルフのアプローチの練習をしていたりする（笑）。でも見ていないようで実は見ていて、「ハイ、吉田が飽きちゃったからノック終わり」なんて言うんです。ずーっと見続けていても見えないものは見えなくて、逆に「この辺かな」ってパッと目を向けた瞬間のタイミングと視点が良ければ、大事なものが見えてきたりするんだなと。その部分は木内さんから学びましたね。

前章でも触れた通り、84年夏の甲子園優勝の布石となったと言われているのが、6月に起こった3年生のボイコット。その〝事件〟の詳細も振り返りながら、中島さんは木内監督の勝負師としての素顔を明かす。

◇

僕らの世代は2年春のセンバツを中心選手として経験している選手も多く、2年秋には関東大会を優勝して3年春のセンバツでベスト8。敗れた岩倉（東京）がそのまま優勝していましたし、地元に帰ると「よくやった」と大きく歓迎されました。野球雑誌やらファッション雑誌やらにも取り上げられたりして、いろいろな人からサインや写真撮影をお願いされたり。そうやって有頂天にもなっていた中、3年春の関東大会で初戦敗退。木内さんからすれば、慢心をどこかで戒めなきゃいけないと感じていたのでしょう。

で、僕らはまず1週間、休みをもらった。それは「野球を忘れて頭を冷やしてこい」という意味合いだったのですが、実際には遊びたい放題で、普通の高校生と同じような生活を満喫しました。そしてグラウンドへ行くと、木内さんが「レギュラーには休みをやったけど、補欠の3年生に休みをやった覚えはない。そいつらは全部クビだ」と。それを聞いた僕らは「そんなことできない。彼らを辞めさせるんだったら僕らも辞めます」となったんです。ボイコット期間中、選手間にはものすごく険悪なムードがありましたね。僕は野球をツテにして就職するしかないと考えていたので「監督に頭を下げてまたやろうや」とも言ったんですが、周りからは「お前、いい子ぶるんじゃねぇよ」とか「俺は辞めるよ。戻りたいんなら勝手に戻れよ」と。それまでは和気あいあいとやっていたチームでしたが、一切口を利かなくなったりもしましたね。

そうこうしているうちに1週間が経ち、僕たちは木内さんに集められました。そして控えの3年生について「辞めさせることはしない。もう1回チームに戻ってくれ」と。さらに数日後にＰＬとの招待試合があるとのことで、「県との関係で試合をやるって決めちゃったから、そこだけ試合をやってくれたらいいから」と言われました。それでしぶしぶ練習に戻ったんですが、雰囲気はまだ悪い状態。しかも約２週間、まったく野球をしていない状態で招待試合に臨みました。当然、相手はセンバツ準優勝ですから、準備不足で勝てるわけがない。結果は0対13で大敗しました。

そのとき僕らは木内さんから、当時２年生の桑田が新聞記者に対して「これが茨城でナンバーワンのチームですか。大したことないですね」みたいことを話していた、と伝えられるんです。そして「お前ら、２年生にこんなこと言われていいのか」と。そこで僕らは「何だと、コラ」と思ったんですよね。そこから急速にチームがガチッと結束して、練習の雰囲気も良くなった。さらに、みんなバットを長く持ってブンブン振り回していたのが、少し短く持ってコンパクトに鋭く打ったり、右方向を狙ったりするようにもなった。「今までの戦い方じゃダメだ」と本気で思い始め、自然と相手に対応するようになったわけです。実際にも招待試合以降、僕らは一度も負けませんでした。木内さんが選手の性格を利用して、心をうまくつかんでいったんですよね。

いざ当事者になってみると分かりませんでしたが、実は昔から「木内監督は強いチームのときにはあえて分裂する危機を起こして、いったん落としてから一気に上げる」という話もありました。ただ、それでも夏の直前に2週間も練習させないなんて、普通じゃ考えられない。思えば、春の大会では中軸の下田をスタメンから外して戦力を落としていましたし、そこまで計算していたのかなと。そのまま空中分解して終わる可能性も非常に高い中、そういう手法を取れるというのはやっぱり勝負師ですよね。

ちなみに僕らが優勝した直後、木内さんはあっという間に常総学院へと移っていきました。実は2年生になったとき、本来なら取手二高へ来ると考えられる選手が常総へ入学していたので、すでに噂にはなっていました。でも本人は言わなかったですし、僕らの性格を見て「監督のために頑張る」っていうモチベーションは違うと考えていたんじゃないかな。逆に常総を勇退した2003年夏の場合は、当時の選手の気質を考えて、「辞める」と公言することでチーム力を発揮させる手法をあえて選んだのかなと思います。

木内さんはよく「やるのはお前らだかんな。誰も助けてくんねぇぞ。一人ひとりがしっかり想いを持ってやらないとダメだぞ」と言っていました。決して精神論で話すことはなく、神様に頼るのではなく自分たちでやらなきゃダメなんだと。そういう漢気みたいなものは、高校時代に植え付けられましたね。

東洋大を経て住友金属鹿島（現・日本製鉄鹿島）でプレーし、指導者となった中島さん。実際にチームを率いる立場になったからこそ、木内監督の凄さをあらためて感じることが多いのだという。

◇

ＯＢとして話をするようになると、やっぱり木内さんの印象は変わりましたね。現役時代は「血が通っているのか」って思うくらい冷徹なイメージでしたが、実際は情がものすごくある人。おしゃべりが好きで、和気あいあいとした雰囲気もあって。でも野球になるとそんな自分を抑え込んで、ちゃんと演じていたんだなと思います。

ふと高校時代のことを思い出しましたが、練習終わりのミーティングではだいたい「昔、こういうＯＢがいて」という思い出話になるんですよ。この人は普段ヤンチャだったけど野球では人が変わったようによく動いたとか、この人は大人しいけど野球では鬼になったような感じで相手に向かっていったとか。そうやって具体例を挙げて、とにかく野球になったら人間が変わるようにならなきゃダメだというのを刷り込んでいくんです。僕も「数年後にこうやって名前を出してもらえる選手になりたい」と思いましたね。

取手二高は県立なのでみんな自宅からの通学でしたし、普段の練習時間は3時間程度。朝から晩まで練習していたわけでもありません。それでも甲子園で勝てたのは、やっぱり質の問題ですかね。全体練習って〝練習している感〟はあるんですけど、1人の分量で考えたらそんなに多くない。20分のシートノックなら5～6本程度ですし、1時間の打撃練習なら5本を4回程度。あとは守ったり打撃投手をしたりと、別のことをしている時間が多いんです。そう考えると、自主練習の時間だったり全体練習の中での意識だったりと、自分の意思でやろうとすることがものすごく大事になる。練習量を求めるなら強制するほうが効率はいいのでしょうが、木内さんはそうしませんでしたね。僕も選手たちに「毎日のキャッチボールをいい加減にやるなよ」と言っていますが、その考え方は木内さんの影響も大きいです。

また普段からいろいろな要素を採り入れる人でもあり、たとえば池田高（徳島）が雨の日でも長靴を履いて傘を差して打撃練習をしている映像がテレビで流れたら、翌日には僕らもやらされました。あるいは棒からヒモを垂らして砂入りのペットボトルにつなげ、両手でクルクルと巻いて前腕を鍛えるトレーニングがありますが、そこからヒントを得たのか、僕らはメチャクチャ長い棒からロープを下げて大きいタイヤにつなげ、体育館の2階から巻き上げていくということも（笑）。今では笑い話ですが、そうやっていろいろな情報を仕入れては試していましたし、鉄拳制裁が当たり前の時代にもかかわらず、口で言いくるめるスタイルを取っていた。すごく対応力のある人だったなと思いますね。

僕が社会人野球で監督になってから、木内さんにはチラッとこう言われたことがあります。「お前が監督として1点をどうやって取るか。選手に任せて取るんじゃなくて、お前が考えて最初の1点は取ってやれよ。そうすっと2点目は勝手に選手が取ってくっから」。試合が膠着しているときほど、思い切ってエンドランをかけたりバスターをかけたりして、監督が積極的に点数を取りにいかなきゃダメなんだと。チームとして、どうやって1点を取らせてあげられるか。そこは今も常に考えるようにしています。

木内さんと最後に会ったのはもう2～3年前でしょうか。木内さんの講演会があって「一緒に出席してくれ」と言われ、その帰り道、行きつけのウナギ屋さんでご馳走になりました。教え子で社会人チームの監督をしているのは僕だけなので、いつも「いろいろ大変だろう」と気遣ってくれましたし、「お前は大したもんだ」とも。「常総でコーチをやらないか」とか「いずれは監督をやらないか」なんて誘われた時期もあったりして、すごく気に掛けてくれていたのがありがたかったですね。

2020年11月、都市対抗野球大会の開幕直前の練習試合でNTT東日本の上田祐介から「木内さん、入院したらしい」と聞いて、「落ち着いたらみんなでお見舞いに行こうか」なんて話していました。そうしたら数日後の24日にニュースで訃報を知って…。しかも、それがちょうど都市対抗1回戦の前日。取材の電話などがジャンジャンかかってきて、「弔い合戦ですね」「負けられませんね」なんて言われているうちに、「絶対に勝たなきゃいけない」と思って気合いが入りすぎてしまいました。

翌25日、対戦した三菱重工広島は大会後の活動終了が決まっていて、勝っても負けても悔いなくやろうという姿勢で臨んできた。相手のベンチを見たら監督がピンチの場面でも

1984年夏の甲子園で初優勝を成し遂げた
取手二高時代の監督（前列で優勝旗を持つ）

ニコニコしていて、選手たちにも思い切りの良さがあるんですよね。一方で僕は余裕がなく、ずっと硬い表情で試合をしている。案の定、試合は6対7で敗れてしまいました。

そこで、ふと思ったんですよね。「そう言えば木内さんって、たしか甲子園のベンチでいつもニコニコしていたよな」と。そうじゃなきゃ大きな試合には勝てないんだよなと思いましたし、これは本当にすごく反省した部分。また1つ、木内さんから大切なことを教わった気がします。

CHAPTER 2

木内マジックの証言者

吉田剛

1984年夏の甲子園優勝時の主将
元・近鉄バファローズ

「木内さんの訓えは
プロでも通用するものが多く、
僕の支えになっていた」

略歴

よしだ・たかし● 1966年11月28日、茨城県生まれ。取手二高では木内幸男監督の下、3度の甲子園出場を果たす。1984年夏の甲子園では主将として、チーム初の全国制覇に貢献した。84年秋のドラフトで近鉄に2位で入団。勝負強い打撃で存在感を発揮した。2000年のシーズン途中からは阪神に移籍し、01年限りで現役を引退した。NPBでの通算成績は1012試合出場、打率.243、18本塁打、166打点、125盗塁。

1984年夏、甲子園で優勝した取手二高の主将を務めていたのが吉田剛さんだ。卒業後はドラフト2位指名を受けて近鉄バファローズへ入団し、阪神タイガースへの移籍も経験しながら内野手として17年間プレー。その後は解説者の傍らで飲食業の世界にも飛び込み、現在も大阪市内でバーを経営している。その原点は高校時代。自他ともに認めるヤンチャな選手だったが、気付けば木内監督に掌握されていたのだと話す。

◇

僕の地元は現在の取手市で、もともと取手二高が強かったのは知っていましたが、進路はあまり深く考えず「近いから」という理由で入学しました。木内さんを見て思ったのは「とにかくよく怒る人だなぁ」と。また周りを見ると、石田文樹とか中島彰一とか能力の高い選手が揃っていた。入部した直後、監督は僕ら1年生を集めて「このチームは絶対に甲子園でベスト4に行くチームになる」と。そう言ったのがすごく印象に残っていますね。

そして実際、僕ら1年生で二軍戦のような試合に行っても、他のチームに普通に勝っていました。僕は初めのうちは「足が速い」ということで、代走などで一軍の試合に使ってもらうようになり、1年秋からサードのレギュラーとして出るようになりましたね。そのときのスタメンは僕も含めて1年生が6人（吉田、石田、中島、佐々木力、下田和彦、桑原淳也）。だから、やっぱり選手のレベルは高かったと思います。

2年春のセンバツでは直前に中島が肩を痛めたこともあり、僕がキャッチャーとして出場。小学生のとき以来でしたが肩は強かったですし、エースの石田のコントロールが抜群だったので、問題なく守ることができました。そのセンバツでは1回戦で泉州（大阪）に5対6で負けて、すごく悔しかった思い出がありますね。甲子園は思っていたよりもすごく大きい球場なんだなっていうのと、そんな場所でヒットを1本打っただけですごく自信につながるんだなと。そして試合後、木内さんから「（甲子園の）土を持って帰るな。お前ら、また来るんだから」と言われましたね。ただ、優勝すると今度は逆に土を集めているヒマがなくて、たしか3年夏も持って帰らなかったと思うんですけどね（苦笑）。

選手の性格を熟知

春を終えると僕は内野へ戻り、新チームではショートを守るようになりました。また監督に指名されて、キャプテンにも就任。なぜ僕だったのかと後になって聞いたんですが、

「吉田に責任感を持たせてやらないと学校辞めちゃうから」って（笑）。まぁ気に入らないときは同級生に対してもガンガンいってましたし、周りにも個性の強い選手が多く、好き勝手にやっているチームでしたからね。僕の場合はプレーで引っ張っていくタイプなので、特に何かを心掛けたっていうことはないんですが、それでも責任感とか相手への思いやりとか、そういう部分は芽生えてきたので、木内さんに覚えさせられたのかなっていう気はしますね。

3年春のセンバツに出た後、6月には3年生全員でのボイコットなどもあり、2週間ほど野球をしませんでした。そこからPL学園（大阪）との招待試合があって0対13、1安打完封でボコボコにやられて。あの試合では僕もピッチャーをやって、岩田徹（元・阪神）の打席で頭にデッドボール。救急車が来て、木内さんからは「もう引っ込め」って言われて途中で退場させられた記憶もあります（苦笑）。

ただ、そのボイコットとPL戦をきっかけに僕らは考え方がリセットされて、そこからチームが上がっていったんですよね。木内さんは基本的に「グラウンドで野球を教える人」なので、努力とか教育とかは関係なくて結果だけを見ているっていうイメージを持たされやすいんですが、でも最終的にはすべてつながってくる。その後の人生においてプラスになる教え方をしているんだと思いますし、選手を伸ばすのが上手かったですね。僕らは県内では無敵のような状態でしたし、社会人チームと対戦してもエースを打ってしまうようなチームだった。だから、どこかで鼻を折らないといけないって考えていたんだと思います。それがボイコットであり、ＰＬ戦でもあった。ちょっとした自由時間を与えてからＰＬと試合をさせて、「お前たちはまだまだなんだ」ということを気付かせてくれたのかなと。僕もキャプテンという立場にいたので、最終的には「夏まであと１カ月なんだから野球やろうぜ」ってチームのみんなを説得していましたし、木内さんは僕らが戻ってくることまで計算していたんだと思います。

木内さんは人を見て対応する人。特に選手の性格とか適性を見極める目がすごかったですね。僕は普段から何も言われることなく自由にやらせてもらっていたし、でもスタメンで出られるかどうかっていう選手は上手く争わせていたし。木内さんから「右打者じゃダメだから左打者になれ」って言われて、塙（博貴）とか小菅（勲）は全体練習の後も残ってよく左打席の練習をしていましたね。で、結局は2人ともそれをモノにして試合に出ていますからね。また性格にしても、僕らは「これをやるな」って言われると反発するんだけど、「ここだったらいいぞ」って認められたら従っちゃうタイプ。木内さんはそれを分かっているので、抑えつけるんじゃなくて僕らを乗せていくような指導をしていました。手のひらで遊ばれていたような感じはありましたね。たとえば素行が悪い子どもがいたとして、「タバコを吸うなよ」とかって言っても、吸うヤツは吸うじゃないですか。でも、木内さんの場合は「ダメだ」って言うんじゃなくて「ここで吸え」っていう感覚なんですよ。そういう部分は本当に上手いですよね。

木内監督の目論み通り、取手二高は県大会や甲子園で勝ち上がるたびに勢いをつけ、そのまま頂点に到達した。当時の思い出について、吉田さんが振り返る。

◇

全国優勝の要因はいろいろあると思いますが、みんながそれぞれ活躍できたのは大きかったと思いますね。県大会ではエースの石田がケガの影響もあって思い通りに投げられない中、左腕の柏葉勝己などはすごく頑張って投げていたし、甲子園初戦の箕島（和歌山）戦なんて（一番を打つ）僕は三番の下田と「（ここで負けて）明日、取手の花火に行けるな」って話していたくらいなんですが、0対3の8回表には下位打線から火が点いて一挙5得点で逆転した。そこから勢いがついていきましたね。

PLとの決勝はウチが先攻で、相手ピッチャーは桑田真澄。僕はトップバッターで凡退したんですが、ベンチに帰ってきて「今日（の桑田）は打てるぞ」って言ったのは覚えています。やっぱりそれまでの対戦相手もみんな良い投手でしたし、箕島の嶋田章弘なんて本当にすごかったですからね。勝ち上がりながらチームが上手く噛み合っていった感覚はあって、決勝の前も「これは絶対に優勝できるだろうな」って思っていました。木内さんは決勝の試合前、センバツと勘違いしていて「準優勝でも旗が持って帰れるから」なんて言っていましてね。僕らは「負けたら旗はもらえないのに何を言っているんだろう」って（笑）。で、結局、準優勝旗はないということが分かって、「じゃあ勝ちに行け」と。木内さんの中ではある意味、決勝まで行って満足できていた部分もあったんじゃないですかね。

木内さんは采配もすごいんですが、やっぱり試合の流れを見てポイントを押さえていましたよね。僕はベンチではよく木内さんの隣にいたので、「ここの1点は大きい」とか「この後はスクイズが来る」とか、聞こえてくる言葉がいい勉強になりました。そして、本当にその通りになりますからね。そんな監督が唯一焦っていたなと思うのは、決勝の6回裏。2対0から1点を返されてなおも一死三塁という状況で、打球がサードの小菅を強襲。弾いたのを僕が拾い、本塁へ投げてアウトにできたんですが、チェンジになってベンチに帰ったら、小菅に対して「お前は足が動いてないから……!」って必死に怒っていて。僕は「まだ1点リードしているし、アウトにしたからいいじゃん」って思っていたんですけどね(笑)。でも、今思えば流れが向こうに行きかけたところでしたし、あの場面が勝負を分けるポイントだと感じていたんでしょうね。

高校3年間を通して木内さんからはいろいろ教わりましたが、特に最後の夏などは、選手が考えている野球と監督の采配が一緒のような感じでしたね。「ここではバントだろうな」とか「ここはヒッティングだろうな」というのも分かっていたし、試合の流れを感じながらつながりの大切さなども理解できていたと思います。そして、当時の〝木内野球〟

の特徴がよく表れていたと思うのはセーフティースクイズ。木内さんはその先の試合展開まで読んで采配をするわけですが、「この試合は絶対に先制点を取る」とか「ここでの追加点が大切だ」といった場面では、セーフティースクイズを仕掛けていました。当時の野球界ではあまり見られない戦術だったようですが、僕らの中では普通の作戦でしたし、一番確率の高い点数の取り方だと思っていましたよね。

ただ、そんな中でもPL戦の9回裏のワンポイントリリーフはさすがに想定していませんでした。先頭打者のホームランで4対4と追いつかれて、さらに石田が相手打者にデッドボールを当てたときは「うわ、ヤバいな」と思っていましたね。でもここで木内さんは石田にライトを守らせ、左の柏葉を投げさせた。続くPLの三番・鈴木英之には打たれたほうが嫌だと思っていたので、バントをしてくれて「ラッキーだな」と思いました。しかも、その打球をキャッチャーの中島が捕って二塁で封殺。ここで一死を取ったことで、落ち着けたと思いますね。

PLからすれば鈴木のバントで一死二塁をつくって四番の清原和博、五番の桑田っていう流れだったんでしょうけど、それでも僕はやっぱり鈴木に打たれていたら危なかったと思います。おそらく木内さんにもその想いがあって、左打者の鈴木にヒッティングをさせないためにも、打者が打ちにくい「左対左」を選択したんじゃないですかね。で、「柏葉で清原・桑田はキツイなぁ」と思っていたら、すぐにまた石田をマウンドに戻した。「こんな采配もあるんだ」ってビックリしました。そこで石田もきっちり抑えて、ニコニコしてベンチに帰ってきましたからね。よく言われる〝木内マジック〟ですが、すごいなと思いましたね。

甲子園で優勝した直後の9月には木内監督が常総学院高へ。それでも取手二高ナインは「監督がいなくて負けたって言われるのは嫌だから頑張ろう」と話し合い、本田有隆コーチのもとで秋の国体でも優勝を果たした。本人が離れていても、精神も技術もしっかりと選手たちに宿っているのが〝木内野球〟。3年間を通して「すべてのことが学びだった」と吉田さんは言う。

◇

夏が終わったら木内さんが常総へ移るというのは、僕らも分かっていました。と言うのも、当時からウチのグラウンドに常総の選手も練習しに来ていましたからね。ただ、だから言って夏にそれを認識して戦ったつもりはありません。先のことを考えず、一戦ずつ集中していました。その後、僕はドラフト2位指名を受けてプロ入りするんですが、木内さんは進路のことに口出しはせず、個々に任せていましたね。プロ入りの話はずっとあって、西武ライオンズにしか行くつもりはなかったので、それ以外の話はすべて断っていました。でもフタを開けてみたら西武と同時に近鉄からも指名され、抽選の結果、交渉権が近鉄へ。だから急きょ、大学進学に切り替えたんですよ。ただ大学の練習に行ったとき、そのレベルを見て「これならプロでやったほうがいいかな」と。それで「やっぱりプロでやります」と言って、周りよりも遅れて春季キャンプ中に入団したんですよね。

大学野球のレベルが低いと感じたのは、やっぱり取手二高で周りの選手や〝木内野球〟のレベルの高さを見てきたからだと思います。いずれプロに行くのであれば、早いうちからすごい選手たちがいる環境に揉まれて経験を積んだほうがいいと僕は思う。だから、あのタイミングでプロ入りを決断して良かったですね。プロの世界で感じたのは、何か教わっても「あれ？　これってもう高校時代に教わっているよな」って思うことが多いんですよね。高校時代は講義みたいなこともよくやっていて、野球の基本的な考え方も教わったし、たとえば打者がバントをするときには走者がインパクトの瞬間に右足を合わせてステップするとか、そういう細かい技術まで教わりました。木内さんの訓えはプロでも通用するものだったんだなと思います。さらに選手に自由を与えて結果を残せなかったら落とすっていう部分も含めると、仰木彬さん（元・近鉄監督ほか）などは木内さんと少し感覚が似ていたような気もします。

高校時代の僕は本当に自由にやらせてもらっていたんですが、そう言えば1回だけ怒られたことがありますね。千葉県の我孫子市へ遠征に行ったとき、たしか試合で初めてエラーをしたんです。流れとしても大した場面ではなかったんですが、待っていたかのようにメチャクチャ怒られて。さらに「走って帰れ」と言われて、本当に一人で取手まで走って帰ったのを覚えていますね。当時、僕はなかなかエラーをしなかったですし、たとえばカウントを間違えて三振だと思ってベンチに帰ろうとしたら「まだ2―2だ！」って言われたこともあるんですが、そこから打席に入って打ってしまい、細かいミスを取り返したりもしていた。木内さんからすれば怒るタイミングがなかったので、どこかで一度厳しくしておきたかったんだと思います。そんなことも含めて、木内さんは最終的に結果を残せばいいんだっていう部分も大事にしていましたね。たしか新チームの初日だったかなぁ。僕がキャプテン、下田が副キャプテンになって栃木だったか群馬だったかに遠征をしたんですけど、2人で1時間くらい遅刻してしまったんですよ。でも僕はその試合で結果を残し、下田はまったく打てなかった。そうしたら下田だけ副キャプテンを降ろされて、次の日には中島に代わっていました（笑）。僕も打てていなかったらおそらくキャプテンを降ろされていたんだろうし、でも結果を残せばちゃんと使ってもらえるんだなって。そこに目を向けさせて、選手を乗せていた感じはありますよね。

心の中から消えることはない

プロ野球を引退してからは野球の解説をしながら大阪市内で飲食業も始めました。木内さんは普段お酒を飲まないんですが、甲子園に来たタイミングでお店に来てくれたこともあります。そこで出るのはやっぱり野球の話でしたね。現在のお店は十数年前に開業したんですが、名前は「T2」。僕の原点である「取手（T）二（2）高」から取っていて、分かる人には分かるみたいですね（笑）。

体調が悪いという話は亡くなった年の9月か10月あたりに聞いたんですが、がんはだいぶ前にも克服したりしていたので、亡くなるとは思っていませんでした。何か木内さんって、ずっと生きているような感じもする人なんですよね。葬儀は当日に大阪から行っても間に合わないとのことだったので、その2日前にご自宅へ挨拶に行きました。本人の姿を見ながら手を合わせて、そこにしばらくいましたね。「何も悔いはない」って言っていたとも聞きましたが、本当に野球尽くしの人生で悔いはないんだろうなって思います。

木内さんは野球をやり尽くしてきた中で、人材もだいぶ残していると思います。僕らの世代で言っても、たとえば社会人野球で監督をしている中島、高校で指導している佐々木や小菅など、今も野球に携わっている人間もいる。それも木内さんの教え方、育て方があったからじゃないですかね。また取手二高のOBでも常総のOBでも、同じ指導を受けた人を見ると同志のような感覚になって、やっぱり木内さんのことを思い出します。「木内幸男＝野球人」。いなくなった寂しさもありますが、心の中から消えることはないですね。

取手二高時代の監督

CHAPTER 2

木内マジックの証言者

小菅勲

1984年夏の甲子園優勝メンバー
現・土浦日大高監督

「〝木内野球〟っていうのは
縦横無尽に変わっていくもので、
形がないと思います」

写真は下妻二高時代

略歴
こすげ・いさお● 1966年11月25日、茨城県生まれ。1984年に取手二高で春のセンバツでは準々決勝、夏の甲子園は三塁手として茨城県勢初となる全国制覇の優勝メンバーとなった。法政大学時代から常総学院高のコーチを務め、木内監督の下で指導者としての基礎を築いた。その後は伊奈高、下妻二高を経て、現在は土浦日大高で監督を務めている。下妻二高では2004年夏と09年春、土浦日大高では17年夏、18年夏に甲子園出場。

小菅勲さん（現・土浦日大高監督）は１９８４年夏、取手二高の甲子園優勝を「九番・サード」で経験。大学時代の後半からは常総学院高のコーチを務め、木内監督のもとで指導者としての基礎を築いた。その後は同じ茨城県内の伊奈高へ赴任し、下妻二高と土浦日大高では甲子園にも出場。その感性には〝木内イズム〟も大きく影響している。

◇

私はブルーのユニフォームに憧れて、取手二高に入学しました。初めて会ったときの木内監督は昔のゴルフ帽を被り、シャツを着てスラックスを履き、グラウンドをちょこまか動き回っていた。「ガミガミとうるさい人がいるな」と思いましたし、なんだか八百屋のおじさんのような印象でしたね(笑)。練習のときは基本的にユニフォームを着ないですし、知らない人からしたら「この人は誰だ」って思うでしょう。また練習試合でも、アロハシャツを着て采配をしていたことがありました（笑）。

木内監督って、すべてにおいて「監督」然としない。親分感を出さないんですよ。私なんかの場合、グラウンドは神聖なものっていうイメージがあって、木内監督のような恰好をするのはどうも憚られるんですが、あの人にはそういうものがない。そこがユニークなところで、目の前の野球に対して指導をするってなったときも、感じたことをそのまま言えてしまう自然さがありました。

それは私がOBになってもまったく変わらず、普通だったら教え子が挨拶したときって、恩師は「最近はどうだ?」とか「元気か?」って会話を始めますよね。でも木内さんの場合、こちらが「こんにち…(は)」って言いかけたところでもう野球の話がワーッと始まる。私などは指導者ですから、会ったらいきなり「どうだ、いい選手は獲れたか?」「こういう練習がいいぞ」って(笑)。

そしてすごいなと思うのは、何歳になっても常に疑問を抱いているということ。たとえば「ピッチャーやっているヤツのバッティングが良くなると、ピッチングが悪くなる。なんでそうなるんだろうな?」と。それを私に訊かれても分かるはずがないんですが(苦笑)、常に自分の中での理論を書き換えて、アップデートを繰り返している人なんですよね。自分のスタイルはこうだからって決まっているものがなくて、知的好奇心というか、「なぜなんだろう」っていう欲が常にある。普通、指導者ってまずはそれまでやってきたバックグラウンドとか伝統みたいなものからなぞろうとするものですが、おそらく〝木内野球〟っていうのは縦横無尽に変わっていくもので、形がないと思うんです。ずっと現場で生きてきた中で、いいものがあれば全部吸収してきたんでしょうね。

私たちは「人間はいつまでも勉強だ」とよく言うように、「勉強」を「しなきゃいけないもの」だと捉えています。でも、木内監督のキーワードは「夢中」なんじゃないかなと。夢中になれるというのは最大の才能だ、みたいな言い方もしますが、あの人はまさにそう。野球が大好きで、ずっと夢中でしたね。

「木内幸男」というジャンル

木内監督の場合、少年野球の指導者などがグラウンドにいたりすると、自分からそっちに歩いていって野球の話を始める。それもおそらく「教えたい」とか「伝えたい」とかではなく、いちばん野球好きなおじさんが野球談議をしているっていうことなんですよね。そして私の高校時代もそうでしたが、練習場でも、練習試合のグラウンドでも、水戸市民球場でも、甲子園でも、その姿勢はまったく変わらない。目の前でやっていることに対して「勝つんだ」「ここで点を取るんだ」「ここを抑えるんだ」。その連続をずーっと積み重ねてきたんです。

普通ならどこかで少し変わってしまうところを、まったく変わらないのが木内監督のすごさ。たとえば関東大会に行ったときには公式練習をやりますが、終わったら他のチームの練習をずっと見ているんですよ。それはもう興味深そうで、私たちに「こんな練習しているぞ」「あんな練習いいな」と伝えるわけです。そして、これは甲子園の公式練習でも同じ。しかも選手たちに「お前ら勉強しろよ」とか言うわけじゃなく、純粋に見るのが好きで、夢中になっているんですよね。世界一、野球が好きな人なんじゃないですかね。

木内監督の年代の方々って、今のようにいろんな指導方法を学問として習ってはいないと思うんです。それにもかかわらず、あそこまでの存在になったのは本当にすごいですよね。恩師であることを差し引いても木内監督だけは他の人と違うと思います。他の人はみんな「人間」ですが、あの人は「木内幸男」っていうジャンルのような気がしますね。

あと、意外にここが根っこなんじゃないかなと思うのは、優しさや思いやりの部分。木内監督は練習中に雨が降ってきたとき、必ず選手を軒下に入れて、自分はその外に出て雨に濡れながら話をするんですよ。また晴れているときなんかでも、太陽の位置や日差しの掛かり方などを見て、選手が眩しくならず視線を向けやすい方向に位置を取ってから話をする。とにかく選手を大事にしていて、話にも集中しやすい環境をつくっているんですよね。現役時代もコーチ時代も、私はそういう状況を何度も見た。だから「何を言われてもこの人についていくんだ」と思いましたし、今もその部分は指導者として大切にしています。

◇

小菅さんは高校時代、２年秋の新チームからベンチ入りを果たしたが、もともとレギュラーではなかった。しかし３年夏に抜擢され、甲子園でも活躍。自身がまさに〝木内マジック〟の体現者だったわけだが、当時の指導についてはどう感じていたのか。

よく〝木内マジック〟という言葉が出ますが、私は〝木内ロジック〟だと思うんですよ。木内監督は精神論を持ち出すことがない。まったくの現実論者で、話を聞けば「なるほどな」と思えることばかりなんです。

我々の世代は下級生時から試合に出ている選手も多く、期待されていた部分もあると思いますが、練習もすべて甲子園での野球を前提に組み込まれていました。現実的にこうして、こうして、こうやったら勝てるでしょう、と。だから木内監督は「日本一」とか「甲子園」って言葉を掲げることもないし、スローガンも要らない。監督が言っていること、選手たちがやっていることが、すべてそこに結び付いているんです。

毎日の練習だけでなく、雨の日になると教室で行う野球の講義も面白かったですね。たとえば「今日はバントについて話をする」とかテーマがあって、「無死一塁ならここ、無死二塁ならここにやりなさい」「こういう持ち方をしなさい」「表はこうだけど裏の目が出たらこうだ」…。他にも盗塁だったりエンドランだったり、技術から戦術までいろいろな話をしてもらいました。それを1年くらいやっているとノートもビッシリ埋まるんですが、たまに「テストするから」と言って、たとえばヒットエンドランについてのレポートを書かされたり。で、「70点」とかって点数が書いてあって、大事なところには赤線が引いてあって（笑）。これで自分が評価されるんだと思って、必死でしたね。

私は3年春のセンバツでは背番号14で、たしか出場は1打席のみだったと思います。ただ、私も指導者として大事にしている部分なんですけど、木内監督の野球というのは〝旬〟を大事にする。今は誰がいちばん幸運なのか。誰が当たっていて、ラッキーボーイになりそうなのか。そこを見極めて選手を起用するんですよね。これって、一発勝負のトーナメント戦では特に大事なことだと思います。3年夏の県大会も背番号14だったんですが、そのときは当たっていた。成績としては5打数だか6打数だかで3安打。でもその3つがすべていい場面でのタイムリーとかで、甲子園では背番号5をもらって先発出場できたわけです。

振り返れば幸運だったし、木内監督じゃなければ使われていなかったと思いますね。当時、ポロッと言われたのが「お前、誰もいないとこに打つかんなぁ」って。たしかに、あっち向いてホイみたいな感じで打った打球が三遊間を抜けてみたり、コロコロと転がった打球がそのままセンター前に行ったり、バーンと打ったら外野の誰もいないところに飛んでいったり、ということは多かったと思います。

とことんまで適性を探る

自分の武器やセールスポイントを持つことは大事ですが、運の良さも大事。それは甲子園でも実感しました。私は左打ちで、（左打者が打ちにくいと言われる）左投手が出てきた場合はもう一人の右打ちのサードが出るというのがよくあったんですが、甲子園での5試合はすべて相手先発が右投手だった。しかもそのうち（左打者が見やすいと言われる）アンダースローが2人。これは本当に幸運だったし、木内監督の中でも「代える必要はない」って判断したのだと思います。まぁもちろん、単純に右投手が出てきたら左打者、左投手が出てきたら右打者っていうわけでもなく、ときには左右のジグザグ打線を組んでみたり、ときには片方の打者を上位に固めてみたり、今で言う「本来の四番打者が二番を打つ」みたいなこともやっていました。

木内監督はそのチームの最終形に落ち着かせるまでに、いろいろな組み合わせをするんですよね。たとえばコンバートも繰り返していて、昨日までのショートがキャッチャーに回り、キャッチャーがセカンドをやってみたり。私ももともとはショートでしたが、吉田剛がいたのでサードに回っていた。その吉田も2年春のセンバツではキャッチャーでしたからね。そうやって、いろいろやらせてみた中で適性を探すんです。

また普通の監督だったら、サードはコイツ、ショートはコイツって、レギュラーを頭の中で決めるじゃないですか。でも木内監督は遊軍と言うか、いつでも入れ替われる選手を必ずつくっておく。特に常総学院時代などは人数もいたので、夏の大会でも15～16人は平気で試合に出ていましたね。そもそも秋と春と夏でメンバーが全然違うんですよ。そうやって戦った中で夏の県大会の準々決勝、準決勝、決勝。この3試合あたりでピースとしてハマったメンバーが、結果的にベストメンバーとなる。だから取手二高も常総学院も、やっているうちは誰がレギュラーなのか分かりません。振り返ったときに初めて、「結果的にレギュラーだったね」と分かるわけです。だから私も背番号2ケタでありながら、最後まで「チャンスが巡ってくるかもしれない」とは思っていました。

固定観念や先入観は良くないってみんな言いますが、頭では分かっていてもやっぱりなかなか取り除けないもの。でも木内監督は、本当に取っ払うことができる人ですね。常総の試合を観に行ったとき、自分の中で監督目線に立ってオーダーを組んでみたりしたんですが、実際に木内監督が組んだオーダーが私と違うんですよね。私の中での七番打者が一番を打っていたりして、その起用がまた当たるんです。おそらく打者としてのタイプだけでなく、このピッチャーにはこの選手が合うとか、こういう球だったらコイツが打つだろうとか、そこまで細かく計算できているんですよね。だから、やっぱり〝ロジック〟なんですよ。

甲子園優勝に関しては、我々の練習ボイコットでいったん空中分解したこと、PL学園（大阪）との招待試合で「このままじゃダメだ」と感じたこと、甲子園の初戦で箕島（和歌山）に勝って自信をつけたことなど、上手くストーリーが進んでいったと思います。決勝では、もちろんPLの強さも分かっていましたが、不思議と負ける気がしなかった。いろんな感覚が研ぎ澄まされていて、勝てるとか負けるとかを超越して、「今日でもう終わりなのかぁ」って思うくらい楽しかったんです。木内監督も試合後に「もう1試合くらいできるなぁ」と言っていましたし、チームの良さをしっかりと引き出してくれていたんだと思いますね。

高校を卒業した小菅さんは法政大では野球を続けず、４年時の88年から常総学院のコーチとなった。そして93年４月に教員採用で伊奈高へ赴任。指導者として、内からも外からも木内監督の存在の大きさを感じてきた。

◇

常総のコーチの話は、木内監督から声を掛けていただきました。取手二高と常総はユニフォームこそ違えど、やっているのは〝木内野球〟。練習も見ながら寮監も務めたんですが、違和感もまったくなく、選手たちのことは自分の後輩のような感覚でいました。

木内監督はコーチにはすごく厳しかったですね。冬場にちょっとでもストーブで暖まっていようものなら「10年早い！　選手に教えろ！」って怒鳴られて。よく「小菅！」ってマイクで呼びつけられました（笑）。選手たちに対しては、怒るのは野球のことだけ。挨拶とか礼儀とか、部屋の掃除や整理整頓なんかのことも一切言いません。ただ、だからこそ選手たちが純粋に野球に集中できる環境でもあった。やっぱり指導者っていうのは選手の先頭に立って、選手以上に野球を楽しまなきゃいけないんだよなって。そこは木内監督の姿から学んだことですね。

指導者になってから〝木内野球〟を見て思ったのは、采配とか試合運びの中で〝マジック〟と表現されるから手練手管みたいな印象になるけど、「実は相手のほうから崩れていくんだな」ということ。もちろん数試合に1回はすごい手を打ったりもするんですが、普段はわりとセオリー通りなんですよ。ところが、対戦相手が「木内監督と戦っている」というイメージを持っているから、代えなくてもいいところで選手を代えてみたり、いつも以上にいろんな戦術を仕掛けてみたりする。木内監督はそういうのをじっくり見て、相手の出方に合わせて打つ手を考えるわけです。その押し引きのセンスがとにかく優れていたんですよね。

そして、野球を掌握しているというか、試合の全体像が見えていたんだと思います。たとえば「これはツーアウトからの点数だから、もうこの試合（の流れ）はこっちに返ってこないよ」とか「向こうのエラーで取った点数が3点だから、この試合は何対何で勝つよ」なんて言い方をする。で、実際にもそうなるんですよ。思い返せば84年夏も、ＰＬとの甲子園決勝は8対4で勝ったんですが、初回の2得点と7回表の吉田の2ランはどちらも二死から。そして延長10回表に4点を勝ち越して、終わってみればちょうど4点差ですからね。やっぱり二死から取った得点が生きているんですよね。

普通、監督って心理と感情で指揮を執って、選手が活躍したら「よーし、よくやったぞ」ってなるじゃないですか。でも木内監督の場合は、どこまで行っても理性がある。打者がヒットを打っても「コイツはこのピッチャーを打つんだから、当たり前」。失敗したって「当たり前だ、あんなボールを打つんだから」。決して冷めているわけではないんだけど、常に俯瞰で見ているんですよね。甲子園のベンチでニコニコ笑っているのも、本気で嬉しくて笑っているわけじゃなくて、「あぁ、やっぱりこういう試合になったね」って楽しんで見ているような感覚なんでしょうね。

私の初任校の伊奈高では、96年夏の県大会準決勝で初めて常総と当たりました。私自身は「勝てないよなぁ」とビビッていたので、選手たちには正直に「任せたよ」と(苦笑)。でもその言葉を粋に感じてくれる世代だと、心を燃やして戦って、勝つんですよ。その初対戦のときも勝たせてもらいました。

木内監督とはその後も含め、公式戦ではトータルで10試合くらい戦ったかな。やっぱり試合をすると面白いですよね。向こうも教え子が相手で気を遣う部分があるのか、いつもよりは少しきめ細やかさに欠けるような印象がありましたね。ただ、練習試合は組まなかったですね。決して手の内を知られたくないというわけではなくて、練習試合をすると上手く遊ばれちゃうだろうなと。また私が恩師の前でペコペコ頭を下げている姿を選手たちに見せてしまったら、そこでチームとしての格差もつくってしまう気がした。ですから戦うときは、大会で一発勝負のほうがいいなと思っていました。

木内監督と試合をするときは、やりづらさはなかったですね。もちろんプレーするのが監督の分身のような選手たちなので、恐怖心はあります。ただ、どういう考え方で采配をしてくるのかっていうのは染み付いていますし、駆け引きをしたところで勝てっこないのが分かっているから、こちらも選手を鼓舞することだけに専念できる。変な言い方になりますが、むしろいつもよりはやりやすいんです。高い壁だと思えば壁ですが、意識しすぎると墓穴を掘ることになるし、変に意識しないことが大切ですね。

そう言えば私が下妻二高にいた2008年秋、関東大会出場をかけた県準決勝で常総と当たりました。私は雰囲気に呑まれたくないので、木内監督への挨拶はいつも試合後にしていたのですが、そのときに初めて木内監督のもとへ呼ばれたんですよね。で、「今日はよろしくお願いします」と挨拶をすると、監督はいきなり「今日はどっち？」。当時、ウチの主力投手は左右1枚ずつ。試合によって先発をしたりリリーフに回ったりしていたので、「こっち（左投手）か？　こっち（右投手）か？」とジェスチャーで聞いてくるわけです。そして「そういうのを明かして正々堂々とやろう」って（笑）。何とかごまかして試合にも勝たせてもらいましたが、そういうことまで仕掛けてくるから面白いですよ（笑）。

木内監督と話をすると、いきなり先制パンチを食らって、そこですでに1試合が終わってしまうような感覚もありますね。一緒に座談会をやったこともあって、その前に部屋で打ち合わせをするわけですが、もうそれがすでに座談会になっている。で、本番をやって、帰ってきたら部屋でまた座談会（笑）。試合前だろうが、試合中だろうが、試合後だろうが、木内監督のペースっていうのはまったく変わらないんですよね。

2000年から下妻二高へ異動して、2度の甲子園出場へと導いた小菅さん。特に04年夏の初出場は「木内監督が勇退してから初めての夏。茨城の群雄割拠が始まると思ったので、そこで何とか勝ちたかった」という。そして16年には「私学でやってみたい」との想いで土浦日大高へ移り、17年夏と18年夏の2年連続で甲子園出場。今や県内を代表する名将となったわけだが、それでも「木内監督の域に達することはできない」と語る。

◇

私は凡人だなとつくづく思うのが、甲子園に出て通路を歩くとき、選手たちにあらかじめ「騒ぐなよ」って言っちゃうんです。これには実は高校時代のトラウマもあって、3年夏の甲子園初戦、勝てないと思っていた箕島に0対3から8回に逆転して勝ったので、我々は大騒ぎしながら通路を歩いていた。そうしたら高野連の関係者から「敗者への労りはないのか！」って大目玉を食って。それ以来、どこかで「ちゃんとしていなきゃいけない」って背筋が伸びてしまうんです（苦笑）。

ただ木内監督は当時、私たちのことをまったく怒らなかったんですよね。おそらく委縮させたくなかったんだと思いますし、後になって聞いたのは「俺と部長が怒られればいいことだ」と。箕島戦の後も応援団に手を振ったりとかして注意されたんですが、木内監督はクッションになってくれていました。で、ベンチにいてもニコニコして、隣にいる選手に喋りかけてゲラゲラ笑わせたりして。やっぱり、根っこには「試合がやりやすいように」っていう選手への気遣いがあるんです。

もちろん、すごく怒るときもありますが、罪を憎んで人を憎まないと言うか、ミスだけ指摘して人格までは否定しない。サッと言って、サッと引きますね。そして、人を見て対応を変える。こうすればこの選手の心に響くとか、こうすればこの選手は気持ちよくプレーできるとか、そういう人間学がこびりついているんだと思います。野球界には、怒りすぎていて選手を所有物にしてしまっている監督もよくいると思いますが、木内監督は違う。私のような〝叱られ役〟をつくったとしても、結局は「野球だからよ。楽しまなきゃダメだろう」って。その言葉は運転手として送り迎えをしていたときにも、よく言われました。

それと私が監督になってからは、「エラくなっちゃダメだよ」と言われたことがあります。これはグサッと突き刺さりましたね。監督と選手の関係性で、上から目線でモノを言ったり扱ったりしちゃダメなんだと。だから「目線は低く、志は高く」。今でも何かあるたびに「あれ？　今はエラくなっちゃっていないか？」って自制するようにしています。

さらに言うと、木内監督は選手のことを苗字でしか呼びませんでした。ファーストネームっていうのは親族間や仲間内で呼び合うものなんだと。そこにも選手への尊敬の念が感じられますし、一線を引くことで選手をフラットに見ていました。意外と、チームが勝てないときって監督が感情を出して、「お前が四番なんだから」「お前がエースだ」と、特別な想いを伝えてしまっていますよね。でも木内監督は「可哀想だろう。高校生に、お前が四番なんだから頑張れって、ツラいぞ」と。で、たとえば常総のコーチ時代に見たのが、仁志敏久を三番に置いたときに四番の齋藤博文が大スランプになったことがあって、木内監督はそこで仁志を一番打者にすることで齋藤にかかるプレッシャーを減らしたんですよ。そういう配慮までしながら打順を組むって、なかなかできないことだと思います。

普段見られない一面としては、試合に負けたとき。あれだけ野球の話が好きな人が、帰りの車内ではまったく野球の話をしないんですよ。普通は愚痴の一つでも言いたくなるものだと思うんですが、それが不思議でならなくて。そこから「あそこのゴルフ場に行け」なんて言われてそのまま行き、その場でクラブなども借りて2泊くらいする。で、帰ってきたらまたいつものように練習が始まるんです。悔しさなども表には一切出さないんですが、これが木内監督なりの切り替え方なんでしょうね。

昔は夏の大会で負けたら、寝袋を持ってそのまま海釣りに行っちゃった、なんて話も聞きました。そして家に帰ると、奥さんが新聞の高校野球のページだけ全部切り取ってしまっているんだと。おそらく、負けたことを引きずりたくないんだと思います。

私は今のところ監督として甲子園に4回出ていますが、回数を重ねるにつれて木内監督の言葉の意味が分かっていくような感覚があります。たとえば普段は「余所行きの野球をやっちゃいけない」と言いながらも、「でも甲子園では、甲子園のあのテンションで余所行きの野球をやらなきゃいけないんだよ」とも言っていました。私も初出場時は「普段通りにやらなきゃ」と思ったんですが、そうやって考えている時点で平常心ではない。何も無理に普段通りに引き戻すことはなくて、あの特殊な空間の中であの球場、あの大会と一体にならなきゃいけないんだなと。

私たちは幸いにも木内監督から学んだおかげで、野球を通してそのＤＮＡを残すことができます。野球は夢中になって楽しむものなんだ、という想いの部分。あるいは試合の流れの読みや駆け引きなど、野球の細かい部分…。そういうものをもう一度、野球界として見直さなきゃいけない時期が必ず来ると思いますし、次世代にぜひ伝えていきたいですね。

CHAPTER 3

ライバル 盟友・家族

同じ時代を生きた男たちと長女の回想

CHAPTER 3

木内マジックの証言者

中村順司

元PL学園高監督
前・名古屋商科大総監督

「野球の素晴らしさを
ずっと子どもたちに伝え続けてきたのは、
木内さんの大きな功績だと思います」

略歴

なかむら・じゅんじ● 1946年8月5日、福岡県生まれ。PL学園では2年春に甲子園出場。卒業後は名古屋商科大、社会人のキャタピラー三菱でプレー。76年からPL学園のコーチとなり、80年秋から監督。81年春のセンバツで優勝を飾り、82年春、83年夏、85年夏、87年春夏も全国制覇を達成。木内監督率いる取手二高、常総学院とも熱戦を繰り広げた。

1980年夏から98年春までPL学園高（大阪）の監督を務め、6度の甲子園優勝（歴代2位）に春夏通算58勝（歴代2位）、前人未到の甲子園20連勝などを果たしている中村順司さん。木内監督とは取手二高の84年夏、常総学院の87年夏と2度、甲子園決勝の舞台で鎬を削った。名将の眼に〝木内野球〟はどう映ったのか。まずは取手二高との思い出を振り返る。

◇

木内さんとの出会いは桑田真澄や清原和博が2年生だった6月、水戸市民球場での招待試合が最初でしたね。私は当時、監督になってまだ4年目で経験は浅い。また、もともと高校野球は人生の通過点だという想いがあり、投げたり打ったり走ったりという動きの基本を身につけてほしいと考えて指導をしていたので、試合でも「対監督」とか「対相手チーム」って言うよりは、自分たちのチームのことだけを考えていた感覚だったんですよね。だから木内さんのこともあまり認識しておらず、後で周りから聞いて「凄い人だったんだな」と。ただ、対戦前に挨拶する機会があって、茨城弁の訛りが独特だった。私は福岡で生まれ、高校時代は大阪（PL学園高）、大学時代は愛知（名古屋商科大）、社会人時代は神奈川（キャタピラー三菱）といろいろな場所で生活しましたが、その雰囲気ともまたちょっと違う。なんだか「いいオヤジさんだなぁ」という印象でしたね。

招待試合では木内さんが選手をたくさん使ってきて、たしかピッチャーも5人ほど投げたのかな。エースの石田文樹は最後だけちょこっと出てきて、温存みたいな形。我々は清原がホームランを打ち、桑田が9回途中までノーヒットの1安打完封と完璧なピッチングをして、スコアは13対0。そういう試合でした。

で、そこから2カ月後、夏の甲子園決勝でふたたび対戦することになるわけですが、考えてみたらその大会は木内さんが最後の夏なんですよね。選手たちも「有終の美を飾る」という想いがあったのかは分かりませんが、キャプテンの吉田剛やキャッチャーの中島彰一などを見ても、本当に伸び伸びと戦っていた印象があるんですよ。木内さんの人柄もあるんだろうけど、物怖じせずにやっていたのがすごく記憶に残っていますね。

記憶に刻まれた決勝戦

大会後、たしか優勝監督の木内さんの都合が合わなかったこともあって、私がオールジャパンの監督となって韓国遠征（日韓高校親善野球）に行きました。スケジュールでは5日間のうちソウルで3試合やって、別の場所で1試合やるということだったんですが、ちょうど長雨になりましてね。結局はずっとソウルにいることになり、試合はできたんですが、練習をするのは雨天練習場で1時間程度。3年生たちにしてみたら最後の夏が終わっているわけですし、ホテルにいても時間を持て余すので、夜遅くまで遊びに行っていたんですよ。特に取手二高の選手（石田、中島、吉田、佐々木力、下田和彦）は本当に伸び伸びとしていました。

当時のメンバーの中には2年生の桑田と清原も入っていたんですが、ソウルでの3試合でヒットを1本も打てなかった清原に対しては、空港で「2年生は秋の大会があるだろう。夜遅くまで3年生と一緒にはしゃぎ回って、帰ったら覚悟しとけよ」と叱ったのを覚えています（笑）。PLは普段が寮生活ですから、ワイワイやっている取手二高の選手たちを見てビックリして、すごく楽しそうに見えたんだと思いますね。

ちなみに取手二高とはその後、奈良国体の決勝でも対戦しました。そのときはもう韓国遠征を経て友達関係になっている選手もいましたから、清原が打席に立つと相手ベンチから「キーヨッハラッ！」なんて声も聞こえてきました。また後で聞いた話では、桑田がわざわざ取手まで行って練習を見学し、吉田の家に泊めてもらったとか、早稲田大に行くかどうかっていうときには石田（その後は大学中退）に話を聞いたとか。甲子園で戦い、一緒に遠征に行ったことでいい関係性がつくられていったんだと思います。吉田は卒業後に近鉄バファローズに入団したので、近くにあるPLのグラウンドに来たこともありましたね。取手二高の選手たちのプレーには、そういう開放的な部分が表れていたと思います。

決勝の一戦を振り返ると、試合前にものすごく雨が降ったんですよ。グラウンド一面が水浸しになって、私たちはベンチ内で「できんなぁ」とか言いながら。ただ、当時のアメダスとかで雲の流れを見たら「30～40分後くらいに晴れる」という話になって、スポンジで水を抜く作業が始まり、遅れて試合開始。外野の芝生は普通に濡れていて、1回表の二死二塁から相手の四番の左打者（桑原淳也）がちょっと詰まりながら、センターの左にライナー性の打球を飛ばしたんですよね。すると、ウチのセンターの鈴木英之が打球のスピンと球足の速さについていけなくてトンネル。打者もそのまま生還し、いきなり2点を取られてしまいました。結局、あの失点で私たちは慌てる形になりましたね。

招待試合では一方的な試合展開だったわけですが、甲子園ってやっぱり選手たちを変える場所だと思うんですよね。それは前年（83年）夏の準決勝で私自身も感じていたことでした。対戦した池田高（徳島）はそれまで夏春連覇をしていた王者。一方の私たちは新チーム結成時、平均身長が171センチ程度だったチーム。当然、コテンパンにやられると思っていたんです。それが逆に七・八・九番にホームランが出たりして、7対0で勝利。そして、その勢いのまま優勝できたんですよね。

話は取手二高戦に戻りますが、2点を取られた後は6回裏に1点を返し、7回は吉田に2ランを浴びましたが8回裏に2点、9回裏に1点を取って追いつきました。ただ6回裏には、実はさらなるチャンスがあったのを潰されているんです。無死二塁でレフト前ヒットを打ったんだけれども、ピッチャーの石田が本塁ベースカバーへ行かずに中継に入って、二進を狙った打者走者がアウト。さらに続く一死三塁で三塁強襲の当たりを打つも、今度はショートの吉田がすぐ拾って本塁へ投げてアウト。ここで1点でも取れていれば、結果的に9回裏の先頭打者・清水哲が打った同点ソロは、サヨナラ弾になっていてもおかしくなかった。でも、それが同点止まりでした。

そして今でも覚えていますが、9回裏に追いついてベンチがワーッと盛り上がった直後、二番の松本康宏（元・本田技研熊本）が死球で出塁。ここで球場の雰囲気が変わっていきました。するとすかさず木内さんが左投手の柏葉勝己君を出してきて、三番の鈴木がバントをするもボテボテの捕ゴロ。二塁でフォースアウトになるんですよね。私としては一死二塁をつくって四番・清原と五番・桑田なら点数が入るだろうという攻め方だったんですが、左打者の鈴木に対して左の柏葉君をワンポイントで出すというのは、まさしく〝マジック〟。彼は招待試合でも投げていたので計算が立っていたんでしょうし、木内さんはここが悪い流れを変えなきゃいけないタイミングだということを見極めていたんでしょうね。

これは私の感覚ですが、当時、関東の有名な監督さんたちって、試合の流れを変えるために選手をパッと交代させたり、何度もタイムをかけたり伝令を送ったりして、間合いを重視していた印象があります。81年夏の決勝で対戦した印旛高（千葉）も、84年春の決勝で対戦した岩倉（東京）もやはりそうだった。きめ細かい采配をしてくるんだなと感じましたし、そこで選手たちも我に返る。その上手さが木内さんの〝マジック〟になっていたんでしょうね。

決勝戦はその後、清原と桑田がふたたび登板してきた石田に抑えられ、ちょっとチームが落ち込んだところで10回表、上位打線を迎えた取手二高の逆襲。桑田が五番・中島に高めの球を（大根切りのように）コツーンと打たれ、勝ち越しの3ラン。さらに1点を取られて、4対8で敗れました。そして、先述の国体決勝でも4対5と1点差の敗戦（取手二高を指揮したのは本田有隆さん）。そこで味わった桑田や清原たちの悔しい想いが翌85年夏の甲子園優勝につながったと思いますし、取手二高との試合は非常に印象に残っていますね。

84年夏が終わると、木内監督は常総学院へ移って指導を始めた。そこから3年後の87

年夏、中村さんは木内監督と甲子園で再戦を果たす。当時のＰＬ学園高はセンバツを制し、春夏連覇に挑んだ〝最強世代〟。結局、決勝で常総学院を５対２で破って偉業を達成し、木内監督へのリベンジも果たすわけだが、そこにもやはりドラマがあった。

◇

87年夏の決勝は、私にとって思い入れのある試合です。

と言うのも、84年夏の9回裏に同点弾を打った（清水）哲が卒業後の大学1年秋、首の骨を折って頚椎を損傷し、そこから車椅子の生活になっていたわけです。私は彼のことが気に掛かり、連絡を取って「本を書いてみたらどうか」と勧めたりもしていました。で、常総との試合を迎える前日、哲から「監督さん、僕、応援に行きたいんですよ」と連絡があった。ただ車椅子で来るわけですから、「いろいろと条件が必要なんじゃないか」と訊いたところ、看護師の付き添いが必須で、体温調節が難しいからクーラーの効いた場所じゃないといけないんだ、と。これを当時の高野連の事務局長だった田名部和裕さんに相談したところ、快諾してくれました。そして入退場口の階段の横にある阪神園芸のキーパー室を確保してもらい、試合が始まる30分ほど前、キャプテンの立浪和義（元・中日コーチ）に言って、数人がかりで哲を車椅子ごと部屋へ運ぶのを手伝ってもらった。我々のベンチは一塁側だったので、ちょうど見えやすい位置関係だったと思います。

試合中、私は基本的にあまり相手ベンチを見たりはしないのですが、4対1とリードした8回裏、二死二塁で常総の一番・江原修一君を迎えたときにパッと相手ベンチを見たんですよね。そうしたら木内さんがレフトのほうを指差していた。「一発狙って引っ張れ」っていう指示だったんでしょうね。それを感じた瞬間、タイムをかけてマウンドにいた岩崎充宏（元・新日鐵名古屋）に「一番いいバッターだから中途半端な球を投げるなよ。得意のスライダーで行け」と指示を出しました。

結果は引っ掛けたものの、レフト前ヒットに。ただ、このときのサードが宮本慎也（元・ヤクルトコーチ）で、野球センスがあった。二塁走者は良いスタートを切っているので本塁は間に合わないと判断し、レフトからの返球をカットしてすぐ一塁へ投げたんです。そして打者走者がオーバーランをしてベースを離れたところにファーストの片岡篤史（元・阪神コーチ）がサッと入り、タッチアウトでチェンジ。2点目は取られましたが、試合の流れをパッと切ったんですよね。おそらく、宮本がそのままバックホームしていたら打者走者は二塁まで進塁して、さらにピンチが続いていたと思います。

そうやって相手の流れを食い止め、9回表に1点を追加して優勝。試合が終わった瞬間、哲のほうへ向かって「やったぞ」って合図をしたら、ちゃんと返してくれました。取手二高と常総学院はチームも選手も違いますが、監督はどちらも木内さん。哲からすれば、自分たちが負けた悔しさを雪辱してほしいという想いもあったんだと思います。取手二高に負けた後からストーリーが続いて、そういう形で木内さんに勝てたっていうのはすごく印象的ですね。

必然だった木内マジック

ちなみにあの試合、サードを宮本にしたのは大きなポイントだったと思います。もともとサードは中軸を打つ深瀬猛（元・JR東日本）でしたが準々決勝で右肩を脱臼してしまい、準決勝では片岡とポジションを入れ替えてファーストで試合に出したものの、状態が厳しかった。そこで途中から片岡をファーストに戻し、2年生だった宮本にサードを守らせたんです。そして決勝ではサードで初スタメン。ただ、さすがは木内さんですよね。無死一塁になったら基本的にバントで、しかも強めに転がして必ずサードへ捕らせようとしてくる。途中から代わった選手、初先発の選手にあえて処理させようとしたわけです。相手が嫌がる野球をしてくるタイプの監督さんなんだなぁ、と思ったものです。
　それでも宮本は守備が良くて、そのバントを二塁でフォースアウトにしたり、三塁線の高いバウンドのゴロをバックハンドでさばいてアウトにしたりして、代わったポジションを突いてくる戦法をことごとく抑えた。先述のプレーも含めて、彼の存在は大きかったと思います。

　常総はエースの島田直也君が準決勝でホームランを打っていて、勢いに乗っている感もありましたね。ウチには投手が3枚いましたが、橋本清（元・巨人ほか）はストレートとカーブで単調に攻めたらやられるかもしれないと考えて、野村弘（元・横浜コーチ）から岩崎への継投にしました。胸元を突くインコースの球を使ったりして、上手く抑えられたと思います。相手のショートは仁志敏久君（現・DeNA二軍監督）。1年生ながら三番を打ち、一塁側へプッシュバントを決めるなど、彼もセンスは抜群。状況を見ながら戦う野球というか、垢抜けしたセンスのあるチームだなぁと思いましたね。

ただ、私は木内さんとやり方こそ違いますが、「こうしたほうが上手くいくよ」「こういうことで試合の流れが変わるんだよ」という部分を伝えていたのは共通していると思っています。状況に応じて作戦を変えるとか、データに基づいて戦うということはあまりないんですが、たとえば打者の構え方ひとつにしても弱点を感じられるようにする。体が閉じていたり開いていたり、バットを立てていたり寝かせていたり、前の肩が上がっていたり上体が前に出ていたり…。打ち方だけでなく投げ方や守り方などにしても、「こうなっているということはこういう動きになるよね」という部分をグラウンドでずっと教えていました。

それを普段の練習から毎日積み重ねているからこそ、甲子園の舞台でも発揮できる。木内さんもやはり選手の起用や戦術などの部分は、普段の練習の中から培っていたんじゃないですかね。そして「ウチの監督はこういうことを嫌う」とか「こういうプレーをしたらダメだ」というものがチームに浸透しているからこそ、試合になっても選手たちが監督の指示をちゃんと理解して〝マジック〟になる。そう思いますね。

あれだけ長く野球に携わり、80歳になっても監督をやられていたというのはすごいことですよね。いろいろな悩みもあったでしょうし、体を壊されたこともあったでしょうし、でも楽しんでやれていたのかもしれないし。そんな中でも野球の素晴らしさをずっと子どもたちに伝え続けてきたのは、木内さんの大きな功績だと思います。そして教え子たちが指導者となり、今もいろいろなところで野球を教えている。やはり、素晴らしい指導者だなと思いますね。

指揮を執る木内監督

CHAPTER 3

木内マジックの証言者

持丸修一

元・竜ヶ崎一高、藤代高、常総学院監督
現・専大松戸高監督

「野球における〝感性〟は自然と木内さんから影響を受けてきたと思います」

写真は藤代高監督時代

略歴

もちまる・しゅういち● 1948年4月17日、茨城県生まれ。竜ヶ崎一高の3年夏に甲子園出場。國學院大卒業後に母校のコーチとなり、75年からは監督。96年からは藤代高で指揮を執り、甲子園に2度出場。2003年に常総学院の監督に就任。現在は専大松戸高で監督を務め、15年夏と21年春に甲子園出場。

専大松戸高（千葉）で監督を務める持丸修一さんはかつて茨城県内の母校・竜ヶ崎一高や藤代高で監督を務め、長らく木内監督と鎬を削ってきた名将。２００３年夏から07年夏までは常総学院高も率いており、４校すべてを甲子園出場に導いた実績を持つ。木内監督との最初の接点は、持丸さんが中３だった１９６３年。まずは当時の印象から語る。

◇

木内さんは年齢で言うと17歳上で、私が中学生のときにはすでに取手二高の監督でした。私はあまり野球に興味があったわけではなく、木内さんの存在をよく知らなかった。ただ一緒に野球をやっていた仲間がみんな取手二高への進学を希望していて、その中に木内さんが取手二高で初めて関東大会に出たときのキャプテンの弟もいたので、一緒に練習へ参加。そこで初めて「木内幸男」という名前を知りました。

最初に思ったのは「学校の先生じゃない人が監督をやっているんだなぁ」と。また、木内さんがお手本でノックを受けているのを見たんですが、サーカスみたいな動きで「この人すごいな」と思いました。30代の木内さんのプレーを生で見ている人って、今はもうなかなかいないでしょう（笑）。のちに交流するようになって知ったんですが、木内さんって何事にも器用。ゴルフも上手いし、ダンスなんかも上手いんです。表現力に長けているんですよね。

木内さんとの初めての会話は、練習に参加した私のプレーを見て「お前、面白いなぁ。ウチでやらないか?」と。ただ結局、私はもともと志望していた竜ヶ崎一高へ入り、他の仲間もみんな同校へ来て3年夏に甲子園出場。だから、指導者になってからは目をかけてもらっていたんですが、時々冗談で「裏切り者。お前らが来ていたら俺はとっくに甲子園に行けていたんだ」って言われましたね(笑)。

高校時代、取手二高とは練習試合や県南地区の大会も含めて、よく試合をしていました。当時はまだ甲子園に出る前でしたが、攻守走で洗練された選手がいましたし、やっぱり強かったですよ。また取手二高と竜ヶ崎一高の選手って友達関係が多かったりして、向こうの話を聞いてみると、その場その場で結果を出している選手を使うから、3年間ずっと平均して力を発揮していなければ試合に出られないんだと。努力などではなく結果を重視して、入ってきた1年生でも良い選手はバンバン使う。その部分は、常総学院の監督を勇退するまでずっと同じでしたよね。

野球そのものを追求

私は卒業後、國學院大を経て竜ヶ崎一高の教員になりました。これは恩師の菅原進監督から「教職を取ってコーチをやってくれ」と言われたからなんですが、木内さんとの付き合いはそこから始まっていくんですよね。母校は75年夏に甲子園に出て、その秋、私は27歳で監督に就任。ただどういうわけか、木内さんには監督になる前からよく声を掛けてもらっていて、もしかしたらウマが合っていたのかなと思います。

奇しくも私が監督になってから、取手二高は甲子園に出るようになりました。亀谷真一（元・東京ガス）がエースだった77年夏、大野久（元・中日コーチ、元・東洋大牛久高監督）や近藤教克（元・世田谷学園高監督）、後藤賢（現・取手二高監督）らがいた78年夏に連続出場。それまでは強いチームでありながらなかなか勝てていませんでしたが、だんだん勝っていくにつれて、洞察力や記憶力、試合での作戦だとか、木内さんの優れている部分も見えるようになっていきました。普通、同じ県内のチームとはあまり練習試合をやらないものですが、木内さんとはよくやっていましたね。

当時の取手二高は、いい選手がいる上に勝負強いイメージです。ウチはいい投手が入ったときに何とか勝負できるぞっていうくらいで、やっぱり最後は負けていましたね。試合ではたとえば四番打者にバントをさせたり、相手がもう立ち上がれないっていうタイミングでスクイズを仕掛けたり。そういう細かい采配は当時から健在でした。

そしてやっぱり、選手たちがそれを着実にこなせる力を持っていたからこそ〝マジック〟になったんだと思います。いったいどんな練習をしているんだろうって観に行きたいくらいでしたし、実際にグラウンドへ遊びに行ったこともあります（笑）。そういうとき、木内さんは平気で教えてくれましたね。ただ、それを持ち帰っても子どもたちが誰でもできるわけではない。普段の練習から意識を持たせて、そういう野球を求めているっていうことが大事なんですよね。

木内さんからは「もっちゃん、遊びに行こう」なんてよく誘ってもらいました。ただ、そこでも野球の話が出ないということはまずない。他にあるとしてもゴルフの話で、何百回と会ったけどそれ以外の話をした記憶はないですね。その中では勉強になることも多々あって、たとえば「練習ってやればいいってもんじゃねぇんだよ。できればそれでいい」とか、「ランニング、ランニングって言ったって、陸上選手じゃねぇのに走ってばっかいたって野球は上手くなんねぇ」とか。そして、目の前の試合に勝つためにどうすればいいか、っていうところを突き詰めていました。もっと言えば、甲子園に行くようになってからは勝つ野球を目指していたのかもしれないけど、それよりも野球そのものをずっと追求していたような気がしますね。おそらくは、自分の思い描いた野球がしたいっていう想いが出発点なんじゃないかな。もちろん勝負師なので、「負け癖がつくから勝負には勝たなきゃダメだ」とは言っていましたけどね。

84年夏に取手二高は甲子園優勝を果たした。県勢初の全国制覇によって「茨城の高校野球はそこから大きく変わった。現代の茨城の高校野球をつくったのは間違いなく〝木内幸男〟ですね」と持丸さんは言う。それを追う立場として、木内監督の存在はどう見えていたのか。

私がいた竜ヶ崎一高や藤代高は県立校でしたから、いくらいい選手がいたとしてもポンと獲れるわけじゃなく、成績に見合った形で入学してもらわないと始まらない。木内さんには話したこともあるんですが、「勝てるチャンスがあるとしたら、いいピッチャーをつくって上を狙いたい」と。だから木内さんのチームをライバルだと思ったことはなく、そのチームを倒して甲子園に行けるのが楽しみっていう感覚でしたね。

振り返ると、木内さんにはやっぱり負ける運命だったのかなと思います。竜ヶ崎一高時代、取手二高の全国制覇の世代とは秋春夏と対戦しているんですが、秋に負けたときは「このチームとは何百回やっても勝てない」と思いました。今まで私が見てきた中でも、あのときほど強さを感じたチームはありません。エースの石田文樹はアウトコースにビシビシ決めるから手も足も出ないし、キャッチャーの中島彰一、セカンドの佐々木力、ショートの吉田剛らを中心に守備も良くて、打力も走力も安定していた。何か1つが上手くいかなくても、他の要素で全部カバーできてしまうチームでしたね。春は私たちが決勝で2対0と勝てたのですが、夏は決勝で3対13。準決勝でこっちのエースが故障してしまったとい

◇

う不運もありましたし、石田は最悪の状態だったのにウチは点数を取れなかった。そういう巡り合わせだったのかなと。

また、常総が甲子園で準優勝した87年夏の世代も秋春夏と決勝の相手は全部ウチでしたし、藤代高時代にしても、常総が2001年春のセンバツで優勝した小林一也（現・専大松戸高コーチ）の世代は秋と夏に決勝で対戦しています。さらに常総が夏の甲子園で優勝した03年の世代でも、秋と夏に決勝で対戦。私のチームが強いときって、必ず取手二高も常総学院も強かったんです（苦笑）。でも、そうやって木内さんと戦えるっていうことはすごく楽しくて、どうやったら勝てるかって考えていましたね。

泣き言は絶対に言わない

私が藤代高へ異動したのは1996年ですが、そこからも木内監督との関係性は変わりませんでした。常総が大会に出られなくなったときなどは「もっちゃん、（試合を）1回やろうよ」と連絡が来たので、急きょ他の試合をキャンセルして練習試合を組んだり。常総では〝木内の知識〟を他のスタッフにも植え付け、大峰（真澄）と入江（道雄）と佐々木がそれを育てていったのでチームがより強くなったと思いますし、学ぶ部分は本当に多かったです。

年々の変化で言うと、マスコミなどでの発言力が強くなったので、言葉遣いや話す内容はちょっと良くなったかな（笑）。あとは子どもらをやる気にさせる方法なんかも、どんどん上手になっていきましたよね。昔は「やらせる野球」だった部分もありましたが、だんだん「どうやって自分たちで動ける選手にするか」っていう野球に変わっていきました。

木内さんって、監督としては絶対に選手にさせたくないっていうことであっても、目を瞑って我慢できるんですよ。たとえば打者がバントのサインを見落として打ったとしたら、たとえ結果がヒットでも普通はやっぱり指摘したくなるものです。でも木内さんは「よし、ナイスバッティングだ」って軽く流せる。子どもが伸びるためだったら、どこまでも「見て見ぬフリ」ができるんです。実は「細かいミスを言わなくていいんですか」って本人に訊いたこともあるんですが、「本当はそうかもしんないけど、別にやりたいようにやってそれが成功したんだからいいだろう」って。水戸商の橋本実監督、取手一高の田中国重監督、日立工の宮本晴夫監督…。甲子園に行った数々の先輩監督たちもみんなそこは許さないと思いますが、木内さんはそこがもう普通の人とは違うんですよね。

そして昔から見てきて思うのは、木内さんって人のことを羨ましがったりすることはまったくない。ここは人間を超えた長所だと思います。他のチームが甲子園に出て羨ましいとか、俺だったら勝てたのにとか、そういう嫉妬心を本当に持っていない。恨み辛みや泣き言も絶対に言わないんですよね。

もちろん負けず嫌いではあるんですが、そういうのも表には一切出さない。指導者の中には選手が獲れたかどうかで愚痴を言う人もいると思いますが、あの人は「やっぱり縁だよなぁ、もっちゃん。選手が来る、来ないはいいんだよ」と。まぁ選手が集まってくるという事実はあったと思いますが、自分から積極的に勧誘することはないですし、負けても「ウチは弱いんだ」とちゃんと認める。その部分もすごいですね。

あと、選手にあまり期待をかけない人でもあったと思います。私なんかはわりと期待してしまうタイプなんですが、専大松戸での2015年夏には「どうせ打てないんだからいいや」って、開き直って見ていたんですよね。そうしたらその打者が打って、チーム初の甲子園出場を決めることができた。そういう感覚でいたほうが意外と良い結果が出たりするんだなと思いましたし、そういう感性は自然と木内さんから影響を受けてきたような気がします。

木内監督の1度目の勇退を受けて、持丸さんは常総学院の監督に就任した。そして4年間の指導を経てふたたび木内監督へとバトンを渡した後、専大松戸高から誘われて07年12月に監督へ就任。偉大な指揮官の間をつなぐことになった心境とはいかなるものだったのか。木内監督との思い出を振り返る。

◇

木内さんは03年夏限りでいったん監督を勇退したわけですが、その前から県内で噂にはなっていました。ただ私は「グラウンドで死ねたら本望だ」っていう話も聞いていましたし、辞めるなんてことは想像もしていなかった。だから、本人の口から実際に「辞める」と聞いたときは驚きましたね。

木内さんはわざわざ藤代高まで来てくれて、「もっちゃん。俺の後、やってくれる?」

と言いました。それが本心から頼んでいたのか、それとも学校側が「次は持丸で」と指名していたからそう言ったのか、本当のところは分かりません。ただ実は私は竜ヶ崎一高のときから「55歳になったら県立校を辞める」と公言していた。そんな中で藤代高へ異動になり、03年にちょうど55歳を迎えたんです。もしかしたら私が辞め時を考えているという噂も出回っていて、そこで次期監督候補に名前が挙がってしまったのかもしれません。

木内さんにいきなり言われたこともあり、その場では「少し考えるので待ってください」と返しました。でも考えてみたら茨城の高校野球をここまで盛り上げてきたのは木内さんであって、全国に名を轟かせているのもやっぱり常総学院。そのチームが衰退してしまったら目標もなくなってしまうし、大変だなと。また木内さんは学校に残るわけで、ゆくゆくは常総の関係者か、あるいは木内さんの教え子が監督になるものだとも思っていた。じゃあそこへ上手くつなげて、あまりプレッシャーが掛からない状態で後任にバトンを渡してあげられるような役目ができればいいんじゃないか。そういう想いでOKをしました。

もちろん、自分の中では「勝って結果を残そう」だなんて思っていないですし、関係者には「木内さんと同じようにはできないですよ」とも伝えていました。かたや全国優勝を何度もしている監督で、こちらは甲子園で何勝かしかできない監督ですからね。長く続けるつもりもなく、ある程度やったら次へ渡そうと思っていました。ただ、ものすごく盛大な送別会をやって、その後のチームを率いるのがなぜか私ですから、一人娘の（岡田）京子ちゃんあたりには「なんで持丸さんなの？」っていう想いもあっただろうなと。そこは申し訳なく思っています。

私が常総の監督になってから2年ほど、木内さんは野球から離れていましたが、後半はグラウンドにも顔を出すようになりました。やっぱり野球好きで、人生のほとんどを野球に費やしてきた人なので、グラウンドに来ると気持ちが上がるんだと思います。結局、その姿を見て学校側から「もう一度、木内監督にやってもらおう」という判断になったとは思うんですが、自分でも再登板への気持ちがまた湧いてきたんでしょうね。甲子園で優勝して勇退って、普通に考えるとこれ以上ない終わり方だとは思うんですが、やっぱり最後まで現場にいて終わりたいっていうのもまた、木内さんらしくて良かったのかなぁとも思います。

私は常総の監督を退任後、知人を通じて専大松戸から「野球部の監督を探しているんだけどやってもらえないか」という話をされました。辞めたばかりだったのでそのつもりはなかったのですが、理事長から「結果が出るのは望ましいんだけれども、とにかく学生野球の本来の狙いをまっとうしてほしい」と言われ、そこに共感して打診を受けることに。木内さんほどの年齢には達していませんが、気付けばもう70歳を超えてしまいました（笑）。

専大松戸に来てからは気持ちを集中させる意味もあって、あえて常総のグラウンドに行くことはしませんでした。決して変な想いがあったわけじゃないんですが、私はもう辞めているわけですし、適度な距離感があったほうがいいかなと。だから木内さんと会うこともなかったんですよね。ただ、「オメェ、常総だの竜ヶ崎一高だので甲子園って、それは何度か行っているチームだから大したことねぇけど、藤代で行ったのはすごいことだよ」って、1回だけ褒めてもらえたことはよく覚えています。

木内さんの病気については11年夏に勇退したとき（前立腺がん）もそうですが、どこどこに転移したとか、体調が悪いとか、ところどころで話は聞いていました。そして20年の秋、「入院したらもう帰ってこられないよ」っていうのも…。それでも「木内さんって本当に亡くなるのかな」って思っていましたし、ずっと生きている存在のような感覚がありました。亡くなる前には「人生に悔いはないから」って言っていたそうですから、最期まで自分のペースを守っていたんですね。

2009年夏の甲子園での木内監督

私が「この人には負けまい」と思っていた人は、みんないなくなってしまいました。気付けば私より年上の監督はほとんどいないですし、木内さんほどの人は知らない。そこはすごく寂しいです。ただ21年春、専大松戸はこのタイミングで常総学院と一緒にセンバツに出場。やっぱり木内さんとは、ずっと縁が続いているのかなと思っています。

CHAPTER 3

木内マジックの証言者

大峰真澄

元・野球部部長
現・常総学院顧問

「私の人間としての屋台骨は、
木内幸男のエッセンス
なんですよ」

略歴

おおみね・ますみ● 1962年12月21日、茨城県生まれ。石岡一高時代は捕手で木内幸男監督が率いる取手二高と対戦し、逆転サヨナラ負けを喫した。国学院大を卒業後、1985年に常総学院に社会科の教員として採用され、野球部コーチに就任。92年からは部長。2006年9月限りで部長を退くが、08年から11年の木内氏の在任中は部長に復帰した。

1984年9月に木内監督が就任して以降、常総学院は強豪への道を着実に歩んでいった。そんなチームづくりを翌85年からコーチや部長としてずっと支え続けてきたのが、現在も同校で顧問を務めている大峰真澄さん。家族ぐるみの付き合いを重ね、誰よりも近くで名将の姿を見てきた。

◇

高校2年のとき、茨城県大会で木内監督が率いる取手二高と対戦しました。それが初めての出会い。そして私が大学卒業後に常総学院のコーチになったことで、いろいろと話すようになりました。

そこからは「教員と監督」という関係を超えて、すごく近しく付き合わせてもらいました。練習から、プライベートから、とにかくずっと一緒に行動していたので、私の中ではあまりにも大きい存在。趣味だったゴルフや魚釣りも一緒に行ったし、一緒に畑づくりもやったし、いつも私が車で送り迎えをしていて、いろいろな話も聞いた。監督の生い立ちの話も全部聞いていて、タバコの吸い方まで分かっています。

亡くなった年も、お盆までは「思うように体が動かなくなってきたよぉ」なんて言いながらも散歩をしたり庭の手入れをしたりしていたので、本当に急でした。私は毎日お見舞いに行ったり娘さんと連絡を取ったりしていて、最後に会ったのは亡くなる前日。（統括責任者の）佐々木力と2人で病院に行きましたが、言葉を交わすことはできませんでしたね…。知りすぎているだけに話せない部分もあるし、一番身近で「いなくなるはずない」と思っていた人がいなくなっちゃったわけだから、心の中にとどめておきたい思い出もたくさんあります。

ただ、これだけみなさんに良い形で送り出してもらえて、亡くなる前に自分でも「やることやったから後悔はない。未練も何もねぇんだよ」って言っていましたから、何よりもありがたいことだと思います。みなさんが抱いている印象通りの人柄で、サービス精神が旺盛。自分が苦しんでいる姿は人には絶対に見せませんでした。自分の状況がこうだから接し方を変えるということもないし、私がいつどんな形で監督のところへ行っても邪魔な扱いはされなかった。「世話になったな」とか、そういうことは口が裂けても言わないんですが、病気になってからもいつもと変わらず接してくれていました。

人間としての大きさ

深く付き合うようになったきっかけは、私が木内監督と奥さんに結婚式の仲人をしてもらったことですね。ご夫婦で一人娘の岡田京子さんの一家と同居をしていましたが、若い頃から野球、野球、野球で娘さんに対してあまり接してあげられなかったこともあってか、3人のお孫さんのことを本当に可愛がっていました。〝子煩悩〟と言うか〝孫煩悩〟と言うか。甲子園にもよく連れてきていて、取手二高の優勝のとき（84年夏）に一番上の女の子が「勝利の女神」と言われていたこともあり、常総で準優勝したとき（87年夏）には「勝利の女神ふたたび」と。当時は（岡田さんの長女が）小学生ながら一人で応援に来て、宿舎でマネージャーとおじいちゃん（木内監督）とずっと一緒に過ごしていたのをよく覚えています。

ただ、木内監督は〝昭和の男〟。だから勝って嬉しいとか、そういう感情を出すことはまずありません。甲子園優勝も嬉しいことは嬉しいんだろうけど、バンザイをしてみたり選手と抱き合ってみたりとか、そういうことはしない。そもそも戦争をする前に生まれて、日本が一番苦しい時期を過ごし、一番楽しいはずの学生時代を奪われてきた人ですからね。

感情を表に出すなって教育されてきたわけで、我々とは見てきたものが違いますよ。

性格的には明るい部分も暗い部分もすべて持っていますから、どんな性格なのかって考えたこともないですけど、唯一言えるのは負けず嫌いだということ。そこは間違いないと思います。ゴルフや魚釣りにしてもそうだし、結果が出るものに関して言えば、勝つか負けるかっていうのはこだわっていましたね。探究心もすごかったですよ。ゴルフなんかしょっちゅうパープレーをするし、釣りに関してもすごく上手だったし。野球についても現役時代は知らないけど、土浦一高のキャプテンでショートやセンターを守っていたというから期待されていた選手だったんだと思いますし、実際に（選手への見本として）内野を守っても外野を守っても、走ってもバントをやっても、形は素晴らしい。何をやらせてもカッコいい人でした。

◇

試合での戦術やチームづくりの戦略などを含め、どうしても〝マジック〟の部分ばかりが注目されやすいが、木内監督にはそれ以上に周りの人を惹き付ける力があった。

木内監督は野球だけでなく日常においても、周りの人を上手く回しながら自分のペースをつくる人でしたね。たとえば人と喋っていても「この人は野球をどれだけ知っているんだろう」「この人は何を聞きたいんだろう」と腹を探りながら、相手が考えていることをすべて察する。その上で話をして「へぇ〜」と感心させ、その方向へ興味を持たせていく。そうやって絶対に飽きさせず、会話においても自分のペースで進めていくんです。相手に主導権を渡して思い通りにその場の雰囲気をつくらせるんじゃなく、自分でちゃんと仕切っていく。だから興味のあることはどんどん引き出していくし、話を交わして終わらせる方向に持っていくのも上手いんですよ。

報道陣に対しても、サービス精神でいろんな話を先にしちゃってパッと終わらせるときもあるし、本心を言いたくなければそこに到着させないようにグルグル話を回して、「(取材はもう)いいかな?」って言って終わるときもある。で、記者からすれば、後になって「あっ、核心を聞くのを忘れたな」って。そういう雰囲気づくり、ひと言でペースをつくって自分の空間にしてしまうのもすごく上手かったですね。普段はね、時間に縛られることを一番嫌うんですよ。「監督、何時から◯◯があります」と人が決めたスケジュール通りに細かく動くっていうのは、よっぽどの場合。もちろん、時間に遅れちゃいけないものについてはきちんとやるんですが、生活まで縛られるのは嫌がりましたね。

ただ当然、野球の監督として「時間とはこうあるべき」っていう部分は子どもたちに伝えていましたし、練習のスケジュールも細かく時間を決めていました。その点で言うと、特に佐々木は苦労したと思いますよ。常総では決められた時間の10分前に行動することを基本としていて、たとえば選手たちが10分前に集まっていたら、監督が車に乗った瞬間に「ハイ、行くよ」って言って出発しちゃう。決めた時間まで待つことはありません。

つまり木内監督の中では、集合時間の10分前には必ず選手たちが揃っているものだと考えているんです。で、その時間に遅れているのがいたら、それは選手の責任じゃなくてスタッフの責任。監督が車に乗り込むまでに全員が揃っているかどうか、確認が終わった状態をつくっておくのがスタッフなんだと。そしてもし選手が時間に遅れていたら、なぜ来られないのか原因をちゃんと見て、（次からは）時間までにちゃんと揃えておけ、と。その上で、みんなでその選手を待っていなきゃいけないのか、それともその選手だけ後から行かせるのかを判断する。スタッフが「今こういう状態ですから（この選手を）待っていますと言ったときに「構わない、そんなの置いていけ」って出ちゃうときもあれば、「あぁ、そうか」って待つときもあるわけです。「おーい、全員いるか？」なんて確認は絶対にしないので、スタッフからの報告がなければ100％、10分前までに来ていない選手は置いていかれますね。

悪いときは景色を変える

勝負師の一面で言うと、ジンクスとかゲン担ぎも絶対に何かやっていたとは思います。ただ縛られて生きるのが嫌なので、極力しないようにはしていたと思いますし、絶対にそれを人には見せませんでした。たとえば、甲子園で優勝したときに履いていたスパイクを私が磨こうとしたら「バカ野郎、拭くんじゃねぇ」って言われたことがあって、そういう些細な部分のこだわりもあるんだなと思っていたら、その後には「マネージャー、スパイク磨いといてくれ！」なんて言うこともあって。何かこだわりはあるはずなんですけど、いかにも「ゲンを担いでますよ」っていうふうには見えないようにやっていたのかな。
今思えば、いつも私が車で送り迎えをするんですが、試合の日にチームが良い状態で進んでいればいつも同じ道で球場へ行って、同じ道で帰っていました。帰りのルートを変えたら「なんで違う道通んの？」って言われたりもして、同じ景色を見ながら帰るのがホッとするんだろうなと。でも、試合に負けたときの帰り道では「あっち行け」「こっち行け」なんて言われることもあった。確固たるものではないんですが、もしかしたら良いときは景色を変えず、悪いときは景色を変えるっていうものがあったのかなぁと思っています。

30年以上もの付き合いがあるからこそ、思い出のエピソードがあまりにも多すぎて「語り尽くすことはできない」と大峰さん。木内監督との出会いはそれだけ人生に影響を与えたことであり、〝人間・木内幸男〟のすべてを感じて吸収してきたから今があるのだという。

◇

実の親から教わったことというのは家で過ごした高校生までの18年間だけで、大学を出てから教わってきたのは木内監督。育ててもらったというか、もうそれ以上ですね。私の人間としての屋台骨は、木内幸男のエッセンスなんですよ。

私は何でも正直に話す性格で、気に入らないこともすぐ言うので口げんかになってしまうこともあり、「大人げない」とよく言われます。でも木内監督と一緒に過ごしているうちに、いつの間にか「この人と付き合うためにはこういう人間じゃなきゃいけないな」と。木内監督は物事の先を読める人だし、手を打つのも早いし、話も上手い。そういう人に対して自分の気持ちをごまかしながら付き合っていたら、多分相手にされなくなるし、信用されなくなると思うんです。だから野球に関しても普段の生活に関しても、隠し事はせず、すべてのことにおいて本音で話そうと。そして、すぐ「気に入らない」ってならないように〝木内幸男の考え方〟を理解しようと。そうやって毎日を過ごしてきて、これが人との付き合い方だなっていう自分の芯ができたときには、もう〝木内幸男の生き方〟が自然と体の中に入っていたんだと思います。

思えば若い頃は、木内監督に噛みついたこともあります。選手が監督の言葉を鵜呑みにした結果、チームが良くない方向に進んだことがあって、木内監督が選手を叱ったので私は「それは違うだろう」と。ただ後になって考えると、選手が鵜呑みにした言葉というのは木内監督の「それくらい開き直った気持ちでやらないと物事は上手く回らないよ」っていう例え話だったんですよね。そんな意図も分からずに噛みついていてしまい、大変失礼なことをしたなと思いました。言葉には常に本音と建前があって、その両方を考えると「あぁなるほどね」と本当に伝えたいものが分かるようになってきました。

そして常総学院は2003年夏に全国優勝をしましたが、私は甲子園で勝つチームというのは「みんなに応援されるチーム」であり、「甲子園の風に乗ることができたチーム」だと思っています。つまり、試合をするたびに評価が上がっていくチーム。その評価というのは単なる周りからの人気だけじゃなく、甲子園出場にともなってついてくる制約、約束事をすべて守るという部分も含まれます。それを100%こなして、なおかつ違和感なく戦えるチームが〝甲子園の風〟に乗れる。

そういうチームをつくるためには、まず木内監督と選手が信頼関係にあることなんて当たり前のことで、さらにチームを支えるスタッフが完璧に仕事をこなせる体制にあり、常総学院という学校そのものが全国優勝するための体制として出来上がっているかどうか。

01年春にセンバツで優勝したとき、インタビューで木内監督が「勝利にこだわって采配をさせてもらいました。1点差でもとにかく逃げ切って優勝したかった」と言っていましたが、そこで優勝を経験したことが布石となって、03年夏も学校側や我々スタッフはみな「甲子園で優勝するってこういうことなんだ」と分かっていました。予行演習ができているからこそ、いざ甲子園に行っても慌てることがない。そこに加えて木内監督のその夏限りでの勇退が決まり、子どもたちがプレッシャーを感じながらも大切に取り組んで、集中力が上がっていった。だからこそ、結果が残ったんだと思っています。

現在、常総学院は新しい指導体制になっています。それぞれのスタッフを信用していますし、監督の島田直也も部長の松林康徳も木内監督から直接教わっているわけですから、伝統を引き継ごうなんて考えず、彼らの思うように新しい野球をやっていけばそれでいいと私は思っています。そして、それまでの経験を思い出しながらシミュレーションをして、こういうときはこうするっていう戦い方ができれば、常総学院が甲子園でも勝ち上がっていけるんじゃないかなと思いますね。

写真中央が大峰さん。木内監督の側近として2001年春と
03年夏の甲子園優勝時は責任教師（部長）として支えた

CHAPTER

3

木内マジックの証言者

岡田京子

長女

「木内幸男はこんなにも皆さんに愛されていたんだなと。幸せな野球人生だったと思います」

略歴

おかだ・きょうこ（旧姓・木内京子）●茨城県生まれ。

木内監督の一人娘として生まれ育った岡田京子さん。結婚後は実家を離れて3人の子どもに恵まれた。1980年代後半には義父の勧めなどもあり、部屋を増築して両親とも同居。常に野球を身近に感じながら、名将の背中を見続けてきた。

◇

私が生まれたのは茨城県土浦市。父の実家の下駄屋さんがまだ大きくて立派な頃で、たしか3歳くらいまではそこで暮らしていました。母はキレイな人だったみたいで、父は自分で「モテたんだよ」なんて言っていましたね（笑）。結婚式のときにはもう私がお腹の中にいたので、母がよく写真を見せてくれて「お前もここにちゃんといるんだよ」って。当時は父が母校の土浦一高でコーチから監督になったあたりの時期。高校卒業後は（慶應義塾）大学に進む予定だったのをやめて、18歳からずっとコーチをやっていたんですよね。

その後は家業の経営が厳しくなっていき、父は取手二高の田口先生という方から「女子校から（49年に）共学に変わったけど、男子生徒をもっと活気づかせたい。野球部をつくりたいから監督をやってくれないか」と。それで（57年から）取手市に単身で行き、1～2年ほど経って私と母が遅れて取手市へ。幼少期は取手二高の官舎のようなところで過ごし、その後は市内の市営住宅にずっと住んでいました。

父親としては、ほとんど家にいなかったような記憶ですね。土日は必ずいないですし、夏休みなどもほとんどいません。ただ取手二高は県立校で大きな照明設備もないですから、日が落ちると練習が終わって帰ってくるようなイメージ。また、もともと購買部で働いていましたが、後半は購買部がなくなってしまったので午前中は家にいる。で、お昼の早めの時間から学校に行って、グラウンドの草むしりとか水撒きをしていたみたいですね。

当時のことですごく覚えているのは、私が小学生のとき。夏にいきなり「海に行くよ」って言われて、私と母を連れて民宿みたいなところに泊まりました。夏の大会で早めに負けて納得いかなかったんでしょうけど、そのまま2週間以上はいたかなぁ。最初は楽しかったんですけど、だんだん「いったい、いつまでいるんだろう」って（笑）。父はずーっと海辺にいて魚釣りをしていて、いろいろ考えながら頭を冷やしていたんだと思います。

野球をやっている父が好き

木内家にとっては、野球は絶えず身近にあるものでしたね。そもそも私の祖父が大の野球好き。父は11人きょうだいの長男で、残念ながら2人は早世したんですが、9人のうちの男5人はみんな野球をやっている。むしろ野球をしないとダメだっていう環境でしたし、5人が集まると、まぁ野球の話ばっかりで。下の3人は取手二高に入れて指導もしているので、父は「兄」というよりも「監督」の目線で話していましたね。

そして私も小さい頃から、テレビはずっと野球中継。巨人戦を見るのが当たり前で、中学生の頃は試合のスコアブックもつけさせられていました（笑）。父は長嶋茂雄さんが好きでしたね。明るくて豪快というか、そういうタイプの人が好きなんだと思います。

野球のことを本当に忘れて生活するようになったのは、監督を退いて3年くらい経ってからですかね。それまでは「今年は（常総学院に）こういう選手が入りました」なんて連絡が入ったりすると、監督時代のクセが抜けずに選手たちをどう使うとか、これがいいんだ、あれがいいんだと言いながら、ずっと選手たちのことを考えていました。テレビでプロ野球の試合を観ていても「えーっ、ここではこうだろう」なんて言って、自分の頭の中で采配をしていましたからね（笑）。でも、この頃はようやく落ち着いて、違う立場から野球を気楽に見られるようにもなってきたようで、「野球を楽しめるようになったかなぁ」「無責任に見られるわ」って言っていましたね。監督生活が終わってからも練習試合には呼んでもらっていましたが、後半は足腰が弱ってしまい、たとえばスタンドの階段を上るとクラッとするんだと。「あんなところで倒れたらみんなに迷惑かけちゃう」なんて言って、なるべく行かないようにしていましたね。

私は純粋に父が野球をやっていることが好きで、昔からずっと応援していました。ですから、母から言われたのは「お前はお父さんの味方だから」と（苦笑）。野球のことしか考えていない夫を持つと、妻は大変でしょうね。私が子どもの頃、母はパン屋でパートをしたり家で内職をしたりしていましたし、私が大人になってからは朝からキリンビールに勤めて。また、母の実家が農家なのでお米を貰いに行って、いっぱい背負って帰ってきたりもしました。もともと裕福な家庭で育っているからなのか、父はおそらく「金は天下の回りもの」だと思っていたのかもしれません。入ってきたらそれだけ使っちゃうし、誰かが来たときは全部ご馳走しちゃうし、何かお土産を持たせて帰らせたい、と。それが幸せだったんだろうなぁと思います。

取手二高の監督に就任してちょうど20年後の77年夏、木内監督は46歳にして初めてチームを甲子園出場へ導いた。そこから黄金時代を築き上げ、84年夏に甲子園優勝。そして同年9月から移った常総学院高でも全国優勝が2度、準優勝が2度。全国的に有名となり、誰もが認める名将となった〝木内監督〟の姿を、岡田さんはどう見ていたのか。

◇

勝てない時代からずっと父の野球を見ていましたから、取手二高が初めて甲子園に出場したときは本当に嬉しかったですね。思えば土浦一高も、父が取手二高へ移ったタイミング(57年夏)で甲子園出場。みなさんは「監督のおかげだ」と言ってくれていたんですけど、本人は「俺は甲子園に縁がないのかもしれないなぁ」なんて話していましたから。夏の代表が千葉県との2県1校の時代などは千葉県勢——銚子商とか習志野が強くて、取手二高が(東関東大会で0対3と)負けた習志野がそのまま甲子園で優勝したとき(67年夏)

に、私が「お父さん、行けたら優勝していたんじゃない」って言ったら「行けないからすごいところなんだよ」と返されました。

ただ、1回行き出したら何度も行けるようになって、冗談で「甲子園って簡単に行けんだなぁ。行き方を覚えちゃったよ」って(笑)。その頃はもう私にも子どもがいて、おじいちゃん(木内監督)にとっては孫が癒しだったものですから、応援は必ず行っていました。生徒たちは普段から「お孫さんが来ると監督は怒らないし、練習も早く終わる」ということで、みんなで「今日は何時頃に来るの?」なんて言い合っていたみたいですね(笑)。常総に移ってからは娘(長女)も小学生になっていたので、甲子園への出発から一人で父にくっついていき、宿舎ではマネージャーさんと生活。みんなによく遊んでもらっていましたし、周りからは「勝利の女神」なんて言ってもらっていましたね。ちなみに母も1回だけ甲子園に行ったことがあるんですけど、ドキドキして見ていられなかったそうです。私も茨城県大会の決勝だけは、1位と2位の差が激しいので見ていられなかったですね。

取手二高が甲子園で優勝したときは、本当に良かったなぁと思いました。で、私は「ここから大変になるだろうから」と娘を連れてすぐ帰ってきたんですが、留守番をしていた母から「何か外に変な人たちがいっぱい来ている」と。実は報道陣の方々が家の前の電柱の陰とかにいたんですよね。そして父が帰ってきたら、ワーッとたくさんの人が集まってきた。おそらく、帰ってきた瞬間の写真を撮りたかったんでしょう。そしてそのまま家の中で取材を受けたんですが、テレビカメラが重くて市営住宅の床がズドンと落ちてしまって（笑）。父はどこへ行ってもキャーキャー言われるし、時の人みたいになってしまって、ビックリすることばかり。「甲子園で優勝するってすごいことなんだね」と言った記憶があります。

そこから父は常総学院へ移るわけですが、話は2年ほど前からあったそうで、ちょうど取手二高を退くときに優勝ですから本当にタイミングが合いましたよね。常総では生徒たちが寮住まいなので父も一室いただいたんですけど、根がやっぱり寂しがり屋なので、ずっと家から通っていました。同居するようになってからは少し早めの14時くらいに出掛けていって、練習の1時間くらい前からグラウンドに水を撒いたりして。あと当時は野良犬や野良猫などの動物がだいぶ捨てられていたので、グラウンドで飼ってその世話もしていましたね。で、スタッフの方々とご飯を食べたりして遅くなったりもするんですが、帰りは必ず大峰（真澄）先生が送ってくださっていました。

常総でも2001年のセンバツに優勝して、03年夏にはまた監督を辞めるタイミングで優勝。父は89歳で亡くなりましたが、そのうち70年以上はずっと野球をやっていて、だから野球の神様が味方してくれるんですかね。そして、相手校にも恵まれましたよね。夏は取手二高の優勝のときが桑田真澄さんや清原和博さんのいるPL学園。常総のときがダルビッシュ有さんのいる東北。相手が強かったからこそ余計に取り上げてもらえたと思うし、選手たちにも「ダルビッシュを打ったら一生自慢できるよ」なんて言っていましたからね。

◇

全国制覇を果たした03年夏限りで木内監督は勇退したが、07年夏が終わるとふたたび復帰。そして80歳を迎えた11年夏まで監督を続けることになる。その間、家族にも複雑な心境があったのだろうとは想像できるが、それでも最後までしっかりと支え続けてきた。

父はもともと監督を一生続けるつもりでいたみたいですし、辞めるときもどこかでモヤモヤしていた部分はあったんだと思います。ただ、学校側から「もう一度やってほしい」という話があったときは、親戚中でみんな反対しましたね。ちょうどよく優勝して、周りから「すごいね」って言われて勇退したんだから、もうそれでいいじゃないかと。それ以上のことはないだろうし、ブランクもあって絶対に苦労するだろうし。で、本人も「やらない」って言っていたんですけど、やっぱり野球が好きですからね。さらに常総に引っ張ってくれた理事長先生から「どうしても」と頼まれたので、父は「恩は返さないといけない」と。でも実際に復帰して「もう俺の野球は古いのかな」って言っていましたし、ブランクは感じていたんだと思います。

父が一度辞めてから復帰するまでの4年間は、持丸修一さんが常総の監督を務めました。昔から父は持丸さんのことが好きで、「持丸はすごく良い監督になるよ。だって野球、一生懸命だもん」といつも言っていました。だから「自分の後は持丸に」っていう想いはあったんでしょうね。ただ県立校を辞めて就任したのに結局はまた父に戻ったわけですから、私からすると、ずいぶん人生を変えてしまって申し訳ないことをしたなという想いがありますね。

11年秋からは佐々木（力）くんに監督を引き継いだわけですが、父の中ではもともと監督にするつもりだったみたいです。ただ03年のときは「まだ若い」とも言っていて、「間にワンクッションないと大変だから」って。自分のすぐ後に監督をやったら絶対に叩かれるから、まずは老練な監督さんにお願いしたほうがいいと思っていたみたいです。父の復帰についても常総の人気を上げるという意味合いがあったようで、佐々木くんに上手くバトンタッチするつもりで引き受けたんじゃないですかね。

とは言っても、本人はずっとやってきた野球から離れるわけですから、11年夏で辞めたときはやっぱりツラかったと思いますよね。その後も総監督という立場にはありましたが、自分が監督をやっていて好きなように野球ができないのは嫌なことだと分かっているので、佐々木くんがやりにくさを感じないためにもあまりグラウンドへ行かないようにしていましたよ。「俺は名前だけだから」って。もちろん年に何度かは行くんですが、野球を見ていたらやっぱり口を出しちゃいますからね（苦笑）。

父は本当にずっと野球をやって人生を終えるものだと思っていたので、私は個人的に「あぁ、ここで辞めちゃうんだ」と寂しく思いましたし、野球をしているときは元気で溌刺としていて年も感じさせないので、「もう少しだけやらせてあげたいな」とも。ただ考えてみたら、あれ以上に年を取った監督さんに指揮されるのって生徒も可哀想な気がしますし、年齢的にも厳しかったんだろうなと。また常総に新しい風を入れなきゃいけないっていう想いも父は完全に理解していたようで、辞めたこと自体は割り切っていましたね。

野球のことで言うと、父は古い人間なんですけど新しいことを採り入れるのが好きで、「こうしてみたらどうだろう」っていろいろと思いつくみたいですね。相手の裏をかいたりするのも好きで、「弱者の兵法だから」ってよく言っていました。ただ実際は池田高（徳島）の蔦文也さん（故人）に憧れていて、ベンチに座ってドーンと構えて「ハイ、打て〜」とか「さぁお前ら、戦ってこい」ってやってみたいんだと。しかし私が「蔦さんのチームみたいにいい選手を預けても、どうせコチョコチョやるんでしょう」と言ったら、「そうだなぁ。四番にバントさせちゃう男だからな」って（笑）。そこは分かっていたみたいですね。あと野球として大好きだったのは箕島（和歌山）の尾藤公さん（故人）。84年夏には甲子園初戦の相手が箕島で、勝った後に尾藤さんから「取手二高は優勝する」と言われたそうです。「ありがたいよ」と言っていましたし、「本当にすごい野球をするんだよ。絶対に勝てないな」とも言っていましたね。

それと父がよく言っていたのは「1学年16人が理想なんだよ」。選手をあれもこれもとたくさん集めることはしないんですよね。野球って頑張っても試合には9人しか出られないし、ベンチ入りも20人とか18人とかしか入れないじゃないですか。試合に出られない子がたくさんいるっていうのが嫌みたいで、「他所の高校に行けば試合に出られるから、そのほうがいいよ」ってハッキリ言っちゃうんですよ。で、1学年で練習試合ができる人数として、16人いれば十分なんだと。取手二高時代から人数が少ないグループでやってきたこともありますし、その中で一人ずつ個性を見ていくっていうやり方が好きなんでしょうね。そして、野球をやるなら楽しいほうがいいんだから、自分のチームに来て潰れちゃうくらいなら他のチームでやってほしい、と思っていたみたいですね。

現場を退いた後、木内監督は穏やかに晩年を過ごした。その人生をしっかりと見届けてきた岡田さんは〝人間・木内幸男〟をどう感じていたのか。

◇

監督時代は野球が中心の生活でしたが、父は趣味が多いので、野球を離れてからはそれにのめり込んでいましたね。高齢になってゴルフや魚釣りはなかなか行けなくなりましたが、畑で大根だの人参だのをつくったり、バラを育てて庭中を花だらけにしたり。夏場は朝晩と30分くらいずっと水撒きをしていましたし、自分で一からつくって育てるのが大好きだったんでしょうね。そして、家の前を通る近所の人たちとはずっと話し込んだりもして。あと常総のときと同様、公園などで捨てられていた犬や猫は拾ってきちゃうので、犬がいる頃は毎日散歩に行っていました。近年はずっと猫を可愛がっていて、抱いたまま寝たりもしていましたね。もともと猫が好きだった母が先に亡くなってしまって、寂しかったのかなぁとも思います。

趣味の話に戻りますが、野球と同じように何でも凝り性で、ゴルフを始めた頃なんかは本当に年中打っていました。グラウンドで本塁ベースのほうからボールを打って、外野にいる生徒にバケツでキャッチさせたりもしていましたよ（笑）。また魚釣りも道具が多くて、バッグの中を見ると「タイ」とか「イサキ」とかいろいろ書いてあるところにそれぞれの仕掛けをきっちりつくって入れていた。それがあればすぐ釣りに行けるように、準備しているんですよね。あと私が生まれた頃には小鳥も好きだったようで、カナリヤを品評会に出したりもしていました。のめり込むという意味では、天気予報も研究していましたね。雨や風が野球に影響するという部分もありますが、天気図を見るのが好きで、甲子園の浜風とか、水戸市の球場のほうへ行ったときの海風とか、そういうことまで考えていた。雨が降る何分か前には風がやむとか、試合中にはそういうものも利用していたようです。

野球に関して悔いはない

20年11月24日に父は亡くなったわけですが、その年の6月あたりには取材でインタビューなども受けているし、毎日を元気に楽しんでいました。年齢的には病気も何度かありましたが、私は来年の春あたりまでは大丈夫かなぁとも思っていましたし、とても急でしたね。亡くなる数週間ほど前に入院して、前日まではお風呂にも一人で入れたんですけど、そこから「えっ」と思うくらい一気に年を取って歩くことができなくなり、声も出なくなって…。普段からお酒は飲まず、果物とお茶とお饅頭が好きだったんですが、それもノドを通らなくなりました。島田（直也）くんと仁志（敏久）くんは入院する直前に来てくれてみんなで写真を撮ったんですけど、小さくなってニコニコしているだけの父の姿を見て2人とも驚いたと思います。

実際のところ、その年は1月から微熱が出たりして、調子はあまり良くなかったんですよ。で、3月あたりに軽い肺炎の診断を受けて、6月には肺に水が溜まっていることが分かって。そしてちゃんと調べてもらったら肺がんだと判明し、抗がん剤治療ができるということで別の病院に行ったんですけど、父が先生に向かって「やりたいことをすべてやってきて十分生きたから悔いはない」って言うんです。結局は先生と話し合って、無理にずっと頑張らせるよりも監督の思い通りにしましょうかと。だから思いのほか本人は苦しまずに旅立てたのかなとも思いますし、ただもう少しどうにかできたのかなって思ったり、でも89歳だからなぁっていう想いもあったり。本当に2カ月前までは元気で、ずっとマッサージチェアに座りながらテレビを見ている姿も思い出しますし、いなくなると部屋が広々としちゃって寂しいですね。

ただ、野球に関して悔いはないというのは本当みたいです。「年取ったなぁ」なんて言いながらも「今から20年前や30年前に若返らせてくれるって言われても、もう二度としたくない」と。もう過ぎたことだからいい思い出になっているけど、あの頃は大変だったと言っていました。また意外と切り替えも早い人でしたからね。監督を辞めたばかりのときは引きずっていたんでしょうけど、切り替えてからは本当にクヨクヨしなかった。それが楽しく生きるコツなのかもしれないですね。

それと驚いたのは、父がずっとコーチをお願いしていた本田有隆さんも同じ年の春に亡くなられたこと。本当にお元気で、どこまでも電車でヒョイヒョイ来てくださる方だったので、まさか先に亡くなるとは思っていませんでした。さらに他にも同じ年に亡くなった方がいるので、私たちは「野球好きがみんな逝っちゃったね。今頃、みんなで野球の話をしているんじゃない?」なんて話し合っていました。

葬儀には大勢の方々が足を運んでくださって、また家のほうにもたくさんの方々が父とのお別れを言いにきてくれました。毎日お線香を上げにきてくださった方もいれば、教え子たちは「俺はこんなことで監督に怒られたんだ」とか当時の話で盛り上がって、そんなこともあったんだなぁと知ることができたり。また父の口から話を聞いただけで私が名前しか知らない方にも初めてお会いしたりしましたし、「監督の元気な姿しか覚えていないから今の姿は見ない」って言って、あえて会わずに帰った方もいました。父もここ数年、取材を受けても「インタビューはいいんだけど写真はウソつかないから、ちょっと前の野球帽をかぶった姿を出してくれ」と言って、元気なように映らない自分を見られることは嫌がっていました。みなさんの心の中にも、元気な印象のまま残してもらえているのかなと思います。

そして、すごいなと思ったのは参列者の芳名帳や弔電だけでなく、市役所のほうにみなさんが訪れて名前と住所とメッセージを書いていただいた名簿があるんですけど、多くの一般の方々が「木内野球が大好きだった」って書いてくださっているんです。面識のある方もない方も、中には海外に住んでいらっしゃる方がパソコンでメッセージを送ってくださったりもしていて、本当にありがたいことだと思っています。

それを1つずつ読んで思うのは、木内幸男はこんなにみなさんから愛されていたんだなと。ここまで思ってもらえて、おそらく本人が見たらビックリするんじゃないかと思います。父はとても幸せですね。

木内幸男

木内幸男

略歴

きうち・ゆきお●1931年7月12日、茨城県生まれ。土浦一高では遊撃手、外野手。卒業後、母校のコーチとなり53年に監督就任。母校の教え子である安藤統夫（慶大—阪神）は、木内氏が取手二高へ移った57年に甲子園出場。取手二高では77年夏に初めて甲子園へ導き、84年夏に全国制覇。同秋から常総学院の監督に就任し、2001年春、03年夏に甲子園優勝。同夏限りで勇退するが、07年秋に復帰して11年夏まで務めた。取手二高時代を含めて計22回甲子園に出場。通算40勝19敗、勝率.678。2020年11月24日、肺がんのため89歳で逝去。

協力／常総学院高等学校
取手第二高等学校

取材&文／中里浩章
写真／ベースボール・マガジン社
装丁／イエロースパー

追憶《ついおく》の木内《きうち》マジック

愛《あい》すべき老将《ろうしょう》に捧《ささ》ぐ——
14人《にん》の証言《しょうげん》

2021年3月17日　第1版第1刷発行

編集　ベースボール・マガジン社
発行人　池田哲雄
発行所　株式会社ベースボール・マガジン社
〒103-8482
東京都中央区日本橋浜町 2-61-9 TIE浜町ビル
電話　03-5643-3930（販売部）
03-5643-3885（出版部）
振替口座　00180-6-46620
HP　http://www.bbm-japan.com/
印刷・製本　共同印刷株式会社

978-4-583-11348-7 C0075
